D1609434

NARANJA DULCE, LIMÓN PARTIDO

Antología de la lírica infantil mexicana

Naranja dulce, limón partido

Antología de la lírica infantil mexicana

Selección, prólogo y notas:
Mercedes Díaz Roig
y
María Teresa Miaja

Ilustraciones de Iliana Fuentes

El Colegio de México

796.13
N218

Naranja dulce, limón partido : antología de la lírica infantil
  mexicana / selección, prólogo y notas Mercedes Díaz Roig
  María Teresa Miaja ; Ilustraciones de Iliana Fuentes. - - 2a. ed
  - - México : El Colegio de México, Centro de Estudios
  Lingüísticos y Literarios, 2000, c1996.
  151 p. : il. ; 27 cm.

  ISBN 968-12-0712-2

  1.- Cantos infantiles- -México. 2. Juegos infantiles- -México. I
Díaz Roig, Mercedes, ed. II. Miaja de la Peña, María Teresa. coed

Portada de Mónica Diez-Martínez
Ilustración de Iliana Fuentes

Segunda reimpresión, 2000
Primera reimpresión, 1999
Segunda edición, 1996
Primera edición, 1979

ISBN 968-12-0712-2

Impreso en México

para Rodrigo y Gonzalo

*para Margarita, Mariana, Gabriel, Valeria, Diego,
Matías, Martha, Víctor, Odette y Claudia*

y para todos los niños del mundo.

ÍNDICE

ÍNDICE

ADVERTENCIA

ste libro está hecho, no sólo pensando en los niños, sino también en los que no lo son ya. La lectura de textos infantiles adentra al adulto en el terreno brumoso del recuerdo; la magia de las repeticiones, el encanto de las largas enumeraciones, el hechizo de los sonidos sin sentido, producen esa sensación de familiaridad y pertenencia que despierta ecos en la memoria. Las rimas y fórmulas, imprecisas al comienzo, van apareciendo cada vez más claras; poco a poco se hacen presentes temas y motivos y, finalmente, llega desde adentro el reconocimiento del texto: presente y pasado, lo que se lee y lo que se recuerda, se unen en un todo, y ese todo viene acompañado de jirones de infancia que acaban envolviendo en una oleada de recuerdos.

Al preparar esta *Antología* hemos saboreado cada texto y hemos vivido la experiencia maravillosa de recuperar lo que un día nos perteneció. Estamos seguras de que este libro evocará también para cada lector su propio y luminoso mundo infantil, lejano, pero nunca totalmente olvidado.

Y una vez bajo el hechizo, cada adulto sentirá que es poseedor de algo precioso que no debe perderse con él. Deseará que los niños que él ama posean también lo que él tuvo. Hará revivir para ellos, con el entusiasmo de la nostalgia, las canciones y juegos que fueron suyos.

Y los niños recibirán su herencia, los adultos sus recuerdos, y este libro habrá cumplido cabalmente su propósito.

PRÓLOGO

os niños ya no cantan, se oye decir con frecuencia; los medios masivos de comunicación han acabado con las canciones y juegos que resonaban en las calles y en los patios de las escuelas; la muñeca vestida de azul, la víbora de la mar, el desdichado Mambrú y la no muy desolada viudita del conde Laurel no significan nada para nuestros niños. El folklore infantil se está perdiendo con rapidez. Habrá quien conteste que el niño simplemente ha cambiado lo viejo por lo nuevo para actualizarse y arraigarse en un mundo donde la magia no está en la varita del hada sino en la fuerza nuclear, y que eso es bueno, porque ese es el mundo en el que vive.

Es cierto; el niño de hoy debe asimilar también los cambios acelerados que se producen en nuestra época, para poder pertenecer a ella. Hemos dicho *también*; no se trata de impedir que el niño conozca cosas nuevas ni de que se le aísle de culturas diferentes a la suya, sino de que no pierda contacto con su propio ámbito cultural, ya que esto lo dejaría sin el apoyo que le va a permitir enfrentar su realidad.

Y aquí es donde entra el folklore, que, además de cumplir la función de entretener, desempeña un papel mucho más importante: es parte esencial de la cultura de cada pueblo. A través de las canciones tradicionales el niño absorbe una fuerte dosis del estilo, estructuras y entorno populares que refuerzan su arraigo cultural.

Debemos pues procurar que nuestro folklore no sea anulado

por otras fuerzas, sino que se una a ellas para formar nuestro futuro, un futuro semejante al de otros pueblos, pero no exactamente igual, un futuro donde se amalgamen lo nuevo y lo viejo, lo propio y lo ajeno. Sólo conservando lo que fuimos podremos ser.

Y aunque hay que estar conscientes del proceso de debilitamiento del folklore en el niño, también hay que estarlo de la inmensa riqueza tradicional que aún tenemos. No estamos presentando en esta *Antología* un folklore ya perdido, una pieza de museo a la que deseemos dar vida artificial. Entre las personas que proporcionaron los textos hay gente de todas las edades: adultos, adolescentes y niños; el material se recogió en fechas que van desde los años 30 hasta 1979; se ha hallado tanto en capitales como en ciudades pequeñas, pueblos y rancherías; todas las regiones del país están representadas, como lo están también todas las clases sociales, desde los niños del Colegio Francés de la ciudad de México a los de la escuela rural de San Pedro Tlalcuapan. Y hay que tomar en cuenta, además, que el material que utilizamos es una selección del contenido de nuestros archivos, que a su vez representa tan sólo una parte del acervo total folklórico infantil.

El Colegio de México edita este libro, en el Año Internacional del Niño, con el propósito de difundir aún más estos cantos y juegos portadores de tradición y cultura, así como para mostrar a propios y extraños cuán rico y variado es lo que poseemos. De todos nosotros depende que no se pierda; nuestro trabajo es una pequeña contribución a ello; esperamos que los lectores hagan su parte.

Algunas aclaraciones sobre la estructura del libro

Los materiales están tomados de los archivos del Seminario de Lírica Popular Mexicana del Centro de Estudios Lingüísticos y Literarios de El Colegio de México; está formado por textos recopilados en otros libros especializados y, sobre todo, por textos recogidos directamente de la tradición oral en distintos puntos del país. Además, hemos incluido algunas canciones que nos fueron comunicadas por conocidos nuestros (familiares, compañeros de trabajo y amigos) durante el tiempo que duró la elaboración del libro.

La selección no ha sido fácil, dada la riqueza existente. Hemos tratado de incluir las canciones, juegos y adivinanzas más tradi-

cionales y populares, y hemos procurado que las versiones elegidas, puesto que tratan de atraer primordialmente al lector no especializado, fueran las menos maltratadas y también las más bonitas y, de ser posible, las más poéticas. Siguiendo este mismo criterio quisimos que la presentación de los textos fuese clara y agradable, para que los niños sientan deseos de leerlos y de aprenderlos, y para que los adultos los disfruten. Es por eso que no hemos consignado ninguna aclaración que interrumpiera los textos y, en el caso de aquellas canciones que se usan para acompañar a algún juego, hemos descrito este juego en la sección de *Notas,* bajo el mismo número que lleva la canción; en esos casos se encontrará una flor 🌸 en el texto y en la nota correspondiente un asterisco .

En cuanto al orden de presentación de nuestros materiales, se ha colocado en primer lugar una sección de "Canciones, romances y juegos" por su importancia dentro del folklore infantil. Le siguen las "Fórmulas de sorteo" tan populares entre los niños para iniciar sus juegos. En tercer lugar colocamos las "Adivinanzas", en las cuales tuvimos que ser muy selectivas dada la abundancia que encontramos, y procuramos elegir entre ellas las más bonitas, graciosas, o las más relacionadas con lo que conocen los niños mexicanos. Para los pequeños incluimos una sección de "Arrullos" y otra de "Juegos". No podía faltar una de "Fiestas" con las, tan nuestras, canciones de calaveras y piñatas. Por último, y relacionado con esto, los populares y tradicionales "Villancicos" de las fiestas de Navidad.

Dado que lo que presentamos es material folklórico que pudiera ser de interés para otros investigadores, hemos tratado de formalizar este aspecto en la sección *Notas,* donde (además de la descripción de los juegos arriba citada) se puede encontrar la información pertinente para el folklorista (procedencia, informante, fuente. etc.), así como algunas notas sobre la antigüedad de ciertas canciones y otras características que nos parece importante recordar.

Se ha añadido un *Glosario* de los términos mexicanos que aparecen en los textos, como una ayuda para los lectores extranjeros, y un *Indice de primeros versos* para facilitar la localización de los textos.

Finalmente. hemos elaborado una amplia *Bibliografía* de lírica infantil hispánica; en ella aparecen referencias a algunos libros de los siglos XVI y XVII, así como una selección de obras españolas de los siglos XIX y XX, pero la bibliografía se centra en Hispanoamérica.

Vaya nuestro agradecimiento a todas las personas que han

hecho posible este libro. En primer lugar a los investigadores del Seminario de Lírica Popular Mexicana de El Colegio de México que durante años trabajaron, bajo la dirección de la doctora Margit Frenk, recopilando y ordenando este valiosísimo material folklórico; también a los eminentes estudiosos que, antes que nosotras, recogieron en sus publicaciones una parte importantísima de la tradición infantil. Y desde luego, y muy especialmente, a todas aquellas personas que comunicaron los textos. Agradecemos a Iliana Fuentes sus magníficas ilustraciones; a Alberto Dallal y a sus colaboradores del Departamento de Publicaciones su interés y trabajo; a M. E. Venier su ayuda en la revisión del manuscrito. No podía faltar el reconocimiento a Guillermina Barbolla que dedicó parte de su tiempo a mecanografiar el original.

16

Canciones, romances y juegos

2

Estaba el señor don Gato
sentado en su silla de oro,
cuando apareció una gata
con sus ojos relumbrosos.
Por darle un beso a la gata
del tejado se cayó;
diez costillas se rompió,
un brazo desconchinflado,
y a las once de la noche
don Gato estaba muy malo.
Mandaron traer al juez
y también al escribano,
para hacer testamento
de lo que se había robado:
cien varas de longaniza,
un lomo bien guisado;
y a las doce de la noche
don Gato ya había expirado.
Los ratones, de gusto,
vistieron de colorado,
comenzaron a bailar.

Ya murió el señor don Gato,
ya lo llevan a enterrar,
entre cuatro zopilotes
y un ratón de sacristán.

3

Delgadina se paseaba
de la sala a la cocina.
Doña pingolingo,
doña pingorianga,
estira que estira,
afloja que afloja
estos mecatitos
de esta campana.
Llegó su papá y le dijo:
—Yo te quiero para dama.
—Ni lo quiera Dios, papá,
ni la Virgen soberana,
que es ofensa para Dios
y también para mi máma.
—Júntense criados y criadas
y encierren a Delgadina;
remachen bien los candados,
que no se oiga voz ladina.
Si pidiera de comer,
la comida muy salada;
si pidiera de beber,
la espuma de la retama.
—Mamacita de mi vida
dame un breve trago de agua,
porque me muero de sed
y no veo la madrugada.
—Delgadina, hija mía,
no te puedo dar el agua,
si lo sabe el rey tu padre
a las dos nos quita el alma.

—Mariquita, hermana mía,
regálame un vaso de agua,
porque me muero de sed
y el rey ya ves lo que fragua.
—Delgadina, hermana mía,
no te puedo dar el agua,
pues no debo deshacer
lo que mi padre mandaba.
—Papacito de mi vida
dame un breve trago de agua,
porque me muero de sed
y no veo la madrugada.
—Júntense criadas y criados,
llévenle agua a Delgadina,
unos en vasos dorados,
y otros en copas de China.
Cuando le llevaron l'agua
Delgadina estaba muerta,
con los ojos hacia el cielo
y la boquita entreabierta.
Delgadina está en el cielo
dando gracias al Creador
y su padre en el infierno
con el demonio mayor.

4 [2]

—¿Dónde vas, Alfonso XII?
¿Dónde vas, lejos de mí?
—Voy en busca de Mercedes,
que ayer tarde la perdí.

—Pues Mercedes ya está muerta,
ayer tarde yo la vi;
la llevaban cuatro duques
por las calles de Madrid.
el vestido que llevaba
no te lo podré decir,
la corona era de oro,
los botones de marfil.
Los zapatos que llevaba
eran de un rico charol
fue regalo de su Alfonso
desde el día que se casó.
Los faroles de palacio
ya no quieren alumbrar,
porque la reina ha muerto
y el luto quieren guardar.
Ya no paso por palacio
ni me voy hacia el cuartel,
porque dicen que era novia
del teniente coronel.

5

Un sábado por la tarde,
iban pasando las monjas
todas vestidas de negro,
con una vela en la mano
que parecía un entierro.
Estando yo en la puerta,
me metieron para dentro
sacudiéndome el vestido,
peinándome la cabeza.
Anillito de mi dedo,
pariente de mis orejas.

[2] La flor indica que el juego tiene instrucciones. Véase sección de *Notas*, pp. 121-133.

6

La santa Catalina
piripín, piripín, pon, pon
era hija de un rey.
Su padre era pagano
piripín, piripín, pon, pon
pero su madre no.

Un día que estaba orando
  su papi la cachó:
—¿Qué haces, Catalina,
  en esa posición?

—Le rezo a Dios mi padre,
que no conoces tú.
Sacó el rey su pistola
tres tiros le metió.

  Los ángeles del cielo
  bailaron rockanroll
  de ver a Catalina
  al lado del Señor.

Los diablos del infierno
se echaron un danzón
al ver al rey su padre
junto al diablo mayor.

7

El cura no va a la iglesia,
  la niña dirá por qué.
—Porque no tiene zapatos,
  zapatos yo le daré.

  Los zapatos con tacón,
  Kyrie-eleisón.

El cura no va a la iglesia,
la niña dirá por qué.
—Porque no tiene calcetas,
calcetas yo le daré.

  Las calcetas con soletas,
  los zapatos con tacón,
  Kyrie-eleisón.

El cura no va a la iglesia,
la niña dirá por qué;
porque no tiene calzones,
calzones yo le daré.

Los calzones con botones,
las calcetas con soletas,
los zapatos con tacón,
Kyrie-eleisón.

El cura no va a la iglesia,
la niña dirá por qué.
—Porque no tiene camisa,
camisa yo le daré.

La camisa ya está lista,
los calzones con botones,
las calcetas con soletas,
los zapatos con tacón,
Kyrie-eleisón.

El cura no va a la iglesia,
la niña dirá por qué.
—Porque no tiene chaleco,
chaleco yo le daré.

El chaleco con su fleco,
la camisa ya está lista,
los calzones con botones,
las calcetas con soletas,
los zapatos con tacón,
Kyrie-eleisón.

El cura no va a la iglesia,
la niña dirá por qué.
—Porque no tiene chaqueta,
chaqueta yo le daré.

La chaqueta de vaqueta,
el chaleco con su fleco,
la camisa ya está lista,
los calzones con botones,
las calcetas con soletas,
los zapatos con tacón,
Kyrie-eleisón.

El cura no va a la iglesia,
la niña dirá por qué.
—Porque no tiene sotana,
sotana yo le daré.

La sotana es de lana,
la chaqueta de vaqueta,
el chaleco con su fleco,
la camisa ya está lista,
los calzones con botones,
las calcetas con soletas,
los zapatos con tacón,
Kyrie-eleisón.

El cura no va a la iglesia,
la niña dirá por qué.
—Porque no tiene sombrero,
sombrero yo le daré.

El sombrero es de balero,
la sotana es de lana,
la chaqueta de vaqueta,
el chaleco con su fleco,
la camisa ya está lista,
los calzones con botones,
las calcetas con soletas,
los zapatos con tacón,
Kyrie-eleisón.

uando la rana quiere gozar,
viene la mosca y la hace gritar.

La mosca a la rana,
la rana en el agua se echa a nadar.

Cuando la mosca quiere gozar,
viene la araña y la hace gritar.

La araña a la mosca,
la mosca a la rana,
la rana en el agua se echa a nadar.

Cuando la araña quiere gozar,
viene la escoba y la hace gritar.

La escoba a la araña,
la araña a la mosca,
la mosca a la rana,
la rana en el agua se echa a nadar.

Cuando la escoba quiere gozar,
viene la lumbre y la hace gritar.

La lumbre a la escoba,
la escoba a la araña,
la araña a la mosca,
la mosca a la rana,
la rana en el agua se echa a nadar.

Cuando la lumbre quiere gozar,
viene el agua y la hace gritar.

El agua a la lumbre,
la lumbre a la escoba,

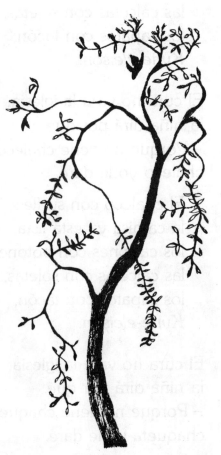

9

pipis y gañas
¿A qué jugaremos?
—A mano cortada.
—¿Quién la cortó?
—El rey y la reina.
—¿Dónde está la reina?
—Fue a misa.
—¿Dónde está la misa?
—En la capillita.
—¿Quién está en la capillita?
—El padrecito.
—¿Dónde está el padrecito?
—Fue a ver a la palomita.
—¿Dónde está la palomita?
—Fue a poner un huevito.
—¿Dónde está el huevito?
—Se lo comió el padrecito.
Alza la mano
que te pica el gallo copetón.

la escoba a la araña,
la araña a la mosca,
la mosca a la rana,
la rana en el agua se echa a nadar.

Cuando el agua quiere gozar,
viene la llave y la hace callar.

La llave al agua,
el agua a la lumbre,
la lumbre a la escoba,
la escoba a la araña,
la araña a la mosca,
la mosca a la rana,
la rana en el agua se echa a nadar.

Cuando la llave quiere gozar,
viene el plomero y la hace gritar.

El plomero a la llave,
la llave al agua,
el agua a la lumbre, etc., etc.

10

an Juan de las Cadenillas.

—¿Qué manda su Señoría?

—¿Cuántos panes hay en la horca?

—Veintiún quemados.

—¿Quién los quemó?

—El perrito castellano.

—¿Qué hay en el huerto?

—Un perro muerto.

—¿Con qué está tapado?

—Con un paño deshilado.

—¿Quién lo deshiló?

—La vieja deshiladora.

—¡Quémenla, quémenla por traidora!

11

—El chamariz en el chupo.

—¿Y qué más?

—El chupo en el cielo azul.

—¿Y qué más?

—El cielo azul en el agua.

—¿Y qué más?

—El agua en la hojita.

—¿Y qué más?

—La hojita en la rosa.

—¿Y qué más?

—La rosa en mi corazón.

—¿Y qué más?

—¡Mi corazón en el tuyo!

12

El piojo y la pulga
se van a casar,
no se hacen las bodas
por falta de pan.
Responde una hormiga
desde su hormigal:
—Que se hagan las bodas,
que yo daré el pan.
—¡Albricias, albricias,
ya el pan lo tenemos!
Pero ahora la carne,
¿dónde la hallaremos?
Respondió un lobo
desde aquellos cerros:
—Que se hagan las bodas,
yo daré becerros.
—¡Albricias, albricias,
ya carne tenemos!
Pero ahora el vino,
¿dónde lo hallaremos?
Respondió un mosquito
de lo alto de un pino:
—Que se hagan las bodas,
que yo daré el vino.
—¡Albricias, albricias,
ya vino tenemos!
Pero ahora quien toque,
¿dónde lo hallaremos?
Respondió la araña
desde su arañal:
—Que se hagan las bodas,
que yo iré a tocar.

—¡Albricias, albricias,
quien toque tenemos!
Pero ahora quien baile,
¿dónde lo hallaremos?
Respondió una mona
desde su nopal:
—Que se hagan las bodas,
que yo iré a bailar.
—¡Albricias, albricias,
quien baile tenemos!
Pero ahora quien cante,
¿dónde lo hallaremos?
Responde la rana,
desde su ranal:
—Que se hagan las bodas,
que yo iré a cantar.
—¡Albricias, albricias,
quien cante tenemos!
Pero ahora madrina,
¿dónde la hallaremos?
Respondió una rata
desde la cocina:

—Que se hagan las bodas,
yo seré madrina.
—¡Albricias, albricias,
madrina tenemos!
Pero ahora padrino,
¿dónde lo hallaremos?
Respondió un ratón
de todos vecino:
—Que se hagan las bodas,
yo seré padrino.
Ya estando las bodas
en todo tino,
saltó la madrina,
se comió al padrino.

13

Todos 'tan en el estrado,
    los novios en la pandilla,
    cuando llegó la aguililla
    echándoselas de lado:
—Donde quiera me he paseado,
    yo no he sido escandalosa
    le dijo a la mariposa:
—Vámonos a andar al monte
    y le respondió el cenzontle:
—*Hoy se casa un cuitlacoche.*

El tordo toca la flauta,
    el gavilán, el clarín,
    el del bajo era el gorrión,
    la tortuga toca el arpa,
    la terrona, qué bien canta
    borracha toda la noche,
    y una calandria en un coche,
    mas como era la madrina,
    le dijo a la golondrina:
—*Hoy se casa un cuitlacoche.*

Un cuyo andaba bailando
    con la botija colgada,
    la garza, muy afamada,
    ella comenzó el mitote;
    le responde el tecolote:
—Toque, maestro, cualquier cosa;
    le dijo la chuparrosa:
—No de oquis, por mi dinero,
    va a bailar un carpintero
    con una urraca famosa.
    Y ándele, señora, y ándele,

y ándele pa los corrales,
que ahí vienen los toros mochos,
y atrás vienen los puntales
a comerse los condoches,
que vienen en los costales.

—Coyotito, ¿de dónde vienes?
—Señor, vengo de la mar,
allí me iban a matar;
veinte puñaladas traigo
de la corva al carcañal,
y así viene mi caballo
desde el cincho hasta el pretal.

Si me muero por aquí,
no me entierren en sagrario;
entiérrenme en aquel cerro
donde me trisque un ganado.
Mi sepulcro ha de ser
de cal y canto labrado
y en la esquina ha de tener
un letrero colorado;
el letrero ha de decir:
"Aquí murió un desgraciado;
no murió de tabardillo
ni de dolor de costado,
murió de un dolor de muelas
que al coyotito le ha dado".

14

Mañana domingo
se casa Benito
con un pajarito
que canta bonito.

—¿Quién es la madrina?
—Doña Catarina.
—¿Quién es el padrino?
—Don Juan Botijón,
y dale que dale
con el bordón.

15

Yo tenía diez perritos,
uno se cayó a la nieve;
ya no más me quedan nueve,
nueve, nueve, nueve.

De los nueve que quedaban,
uno se tragó el bizcocho;
ya no más me quedan ocho,
ocho, ocho, ocho.

De los ocho que quedaban,
uno se tronchó el machete;
ya no más me quedan siete,
siete, siete, siete.

De los siete que quedaban,
uno se quemó los pies;

ya no más me quedan seis,
seis, seis, seis.

De los seis que me quedaban,
uno se mató de un brinco;
ya no más me quedan cinco,
cinco, cinco, cinco.

De los cinco que quedaban,
uno se marchó al teatro;
ya no más que quedan cuatro,
cuatro, cuatro, cuatro.

De los cuatro que quedaban,
uno se volteó al revés;
ya no más me quedan tres,
tres, tres, tres.

De los tres que me quedaban,
uno se murió de tos;
ya no más me quedan dos,
dos, dos, dos.

De los dos que me quedaban,
uno se murió de ayuno;
ya no más me queda uno,
uno, uno, uno.

Este uno que quedaba,
se lo llevó mi cuñada;
ya no queda nada,
nada, nada, nada.

Cuando ya no tenía nada,
la perra creó otra vez;
ahora ya tengo otros diez,
diez, diez, diez.

A la una como tuna,
a las dos me da la tos,
a las tres veo a Andrés,
a las cuatro voy al teatro,
a las cinco brinco y brinco,
a las seis merendaré,
a las siete jugaré
y a las ocho soy Pinocho.

18

—Señora Santa Ana,
   ¿por qué llora el niño?
   —Por una manzana
   que se le ha perdido.

   —No llore por una,
   yo le daré dos;
   que vayan por ellas
   a San Juan de Dios.

   No llore por dos,
   yo le daré tres;
   que vayan por ellas
   hasta San Andrés.

No llore por tres,
yo le daré cuatro;
que vayan por ellas
hasta Guanajuato.

No llore por cuatro,
yo le daré cinco;
que vayan por ellas
hasta San Francisco.

No llore por cinco,
yo le daré seis;
que vayan por ellas
hasta la Merced.

No llore por seis,
yo le daré siete;
que vayan por ellas
hasta San Vicente.

17

Si la guerra no se acaba,
la culpa la tienes tú,
por andar en la alameda
con tu pañuelito azul;
enero, febrero, marzo,
abril, mayo, . . .

24

as palomas son blancas
y el campo es verde,
el que las anda cuidando
siempre se duerme.

—¿Coyotito a dónde vas?
—A la tienda de San Nicolás.
—¿A qué vas?
—A comer pollito asado.
—¿No me das?
—No.
—Comerás patada,
comerás patada.

25

Hora que voy de pasito,
voy a cantar mentiras:
por el mar corren las liebres,
por el cerro, las anguilas.
*Laralá lalála,
laralá lalá.*

Yo tenía un caballo en Francia
con una pata en Jerez,
y de ver la maravilla
lo eligieron para juez.

De las costillas de un piojo
yo vi estar formando un puente,
y por el pico de un gallo
había de pasar la gente.

Un burro estaba estudiando
modo de subir al cielo,
cuando lo pudo aprender,
tuvo que empezar de nuevo.

Oigame usted, señorita,
las mentiras le canté:
si le gustan, está bien,
si no, cántelas usted.

26

Y o puse una librería
con libros muy baratos
y en cada esquina decía:
"Aquí se vende barato".

De la ramita más alta
se cayó una golondrina;
por el pico echaba sangre
y por las alas decía:
"Benditas son las mujeres
que de los hombres se fían".

Caballito blanco,
sácame de aquí,
llévame a mi pueblo
donde yo nací.

Tengo, tengo, tengo,
tú no tienes nada,
tengo tres ovejas
en una manada.

Una me da leche,
otra me da lana,
otra mantequilla
para la semana.

Doña Ana no está aquí
que está en su vergel,
abriendo la rosa
y cerrando el clavel.

Vamos a dar la vuelta
del toro, toronjil,
a ver a Doña Ana
comiendo perejil.

—¿Quién es esta gente,
que pasa por aquí?
Ni de día ni de noche
me dejan dormir.

—Somos los estudiantes,
que venimos a estudiar
a la capillita de oro
de la Virgen del Pilar.

28

e los caballitos
que vienen y van,
el que más me gusta
es este alazán.

30

Naranja dulce,
limón partido,
dame un abrazo
que yo te pido.

Si fueran falsos
mis juramentos,
en poco tiempo
se olvidarán.

Toca la marcha
mi pecho llora;
adiós, señora,
yo ya me voy
a mi casita de sololoy
a comer tacos y no les doy.

31

Los padres de San Francisco
sembraron un camotal.
¡Qué padres tan inocentes,
qué camotes han de dar!

Ay lere, ay lere, lara,
ay lere, ay lere, lan;
si no me quieres, mi vida,
me partes el corazón.

La muerte siriquisiaca
jalando su carretón,
parece una sombra flaca
bailando en el malecón.

El diablo perdió un centavo
la noche de San Miguel,
y era el único dinero
que tenía para perder.

32

Los padres de San Francisco
sembraron un camotal;
en el camotal se hallaron
dos frailes y un sacristán.

33

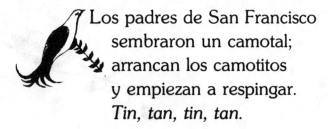

Los padres de San Francisco
sembraron un camotal;
arrancan los camotitos
y empiezan a respingar.
Tin, tan, tin, tan.

34

Arriba y abajo,
por los callejones,
pasa una ratita
con veinte ratones.

Unos sin colita
y otros muy colones,
unos sin orejas
y otros orejones.

Unos sin patitas
y otros muy patones,
unos sin ojitos
y otros muy ojones.

Unos sin narices
y otros narigones,
unos sin chipito[3]
y otros muy chipones .

[3] "Hociquito".

35

na rata vieja,
que era planchadora,
por planchar su falda
se quemó la cola.

Se puso pomada,
se amarró un trapito,
y a la pobre vieja
le quedó un rabito.

36

llá en la fuente
había un chorrito;
se hacía grandote,
se hacía chiquito;
estaba de mal humor,
pobre chorrito
tenía calor.

Allá en la fuente,
las hormiguitas
están lavando
sus enagüitas,
porque el domingo
se van al campo
todas vestidas
de rosa y blanco.

Pero al chorrito
no le gustó
que lo vinieran
a molestar;
le dio vergüenza
y se escondió
tras de las piedras
de aquel lugar.

Entre el agua clara
que brota en la fuente,
un lindo pescado
sale de repente.

—Lindo pescadito,
¿no quieres salir
a jugar con mi aro?
Vamos al jardín.

—Yo vivo en el agua,
no puedo salir;
mi madre me ha dicho:
"No salgas de aquí".

Mamacita linda,
ahí viene Vicente,
sácale una silla
para que se siente.

Le dio la viruela,
le dio el sarampión,
le quedó la cara
como chicharrón.

Los pollitos dicen:
"Pío, pío, pío",
cuando tienen hambre,
cuando tienen frío.

La gallina busca
el maíz y el trigo,
les da la comida
y les presta abrigo.

Bajo sus dos alas,
acurrucaditos,
hasta el otro día
duermen los pollitos.

39

Patito, patito,
color de café,
si tú no me quieres,
¿pues luego de qué?

Ya no me presumas,
que al cabo yo sé
que tú eres un pato
color de café.

Me dijo que sí
y al rato que no,
que yo era un patito
como todos son.
La pata voló
y el pato también,
y allá en la laguna
se vieron después.

40

La gallina popujada
puso un huevo en la cebada,
puso uno, puso dos,
puso tres, puso cuatro,
puso cinco, puso seis,
puso siete, puso ocho.
Guárdate bizcocho
para mañana a las ocho.

41

Pico, pico, mandurico,
tú que vas, tú que vienes
a lavar las mantillitas
a la gata marifata.
Alza la mano,
cuchara de plata.

Pasó un caballero
vendiendo romero;
le pedí tantito
para mi chinito;
no me quiso dar,
me dio un garrotazo
que me hizo bailar
hasta el corral.

Dormir, cabecear,
como la leche de nieve.
San Felipito esté rico
con sus calzones cagados.

¿Mariquita ya está el pan?

42

A la paloma blanca
que del cielo bajó,
con sus alas doradas
y en el pico una flor;
de la flor una lima,
de la lima un limón.
Vale más mi morena
que los rayos del sol.

A los titiriteros
¿quién me paga la entrada?
Yo los amo y los quiero,
y me muero por ti.

43

Aquel caracol
   que va por el sol,
   en cada ramita
   que lleva una flor.

   Que viva la gala,
   que viva el amor,
   que viva la gala
   de aquel caracol.

44

Quisiera ser tan alta
   como la luna,
   ¡ay, ay!, como la luna,
   para ver los soldados
   de Cataluña,
   ¡ay, ay!, de Cataluña.

   De Cataluña vengo
   de servir al rey
   y traigo la noticia
   de mi coronel.

   Al pasar por el puente
   de Santa Clara,

se me cayó el anillo
dentro del agua.

   Al coger el anillo
   cogí un tesoro:
   una Virgen de plata
   y un Cristo de oro.

45

Luna, luna,
   dame una tuna;
   la que me diste
   cayó en la laguna.

 46

¡Que llueva, que llueva!
   La Virgen de la cueva.
   ¡Que llueva, que llueva!
   Los pajaritos cantan,
   las nubes se levantan,
   la luna se levanta;
   ¡Que sí, que no,
   que caiga un chaparrón!
   ¡Que sí, que no,
   que cante el labrador!

Santa Bárbara, doncella,
que en el cielo es una estrella,
líbranos de una centella.

48

Soy indita carbonera
que ando vendiendo carbón,
cinco libras doy por medio
y unos leños de pilón.

Oiga usted, Señor Simón,
no ande vendiendo carbón,
porque tiñe las cazuelas
y las manos de pilón.

49

—¿A dónde va mi carbonerita,
a dónde va la del carbón?
—A la orilla de la mar,
quiérela y son, quiérela y son.

Me dirán que soy casada,
me dirán que no lo soy.
A la orilla de la mar,
quiérela y son, quiérela y son.

uién dirá que la carbonera,
quién dirá que la del carbón,
quién dirá que soy casada,
quién dirá que yo tengo amor.

La viudita, la viudita,
la viudita se quiere casar
con el conde, conde Cabra,
conde Cabra se casará.

—Si queréis al conde Cabra,
conde Cabra no puede ser,
porque el conde Cabra
está casado y tiene mujer.

—Yo no quiero al conde Cabra,
conde Cabra, ¡triste de mí!
yo no quiero al conde Cabra,
conde Cabra, sino a ti.

51

Teresa, la marquesa,
tipití, tipitesa,
tenía un corona,
tipití tipitona,
con cuatro monaguillos
tipití, tipitillos,
y un sacristán,
tipi, tipi, tipitán.

54

Por la señal
de la canal,
en un costal
cayó una vieja;
se dio en la ceja,
comió lombriz,
y se le cayó la nariz.

52

Martinillo, Martinillo,
¿eres tú, eres tú?
toca la campana, toca la campana,
din, don, dan, din, don, dan.

53

La casa caída,
el niño llorando,
la señora en la misa,
el señor enojado.
¡Ay Dios, qué cuidado!

55

Por la señal de la canal,
que se cayó el viejo en el nixtamal.

Padre nuestro que estás en los cielos,
tú cuidas las vacas y yo los becerros.

Santa María, mata a tu tía,
dale de palos hasta que se ría.

Salve Regina mató a su gallina,
gimiendo y llorando la estuvo pelando.

Ole, ole, ole,
la olla de los frijoles.

Santa Magdalena,
la calabaza es la buena.

Santa Martina,
lo bueno está en la cocina.

Santa Teresa,
los elotes están en la artesa.

56

De México ha venido
carta sellada,
que le echen a este burro
paja y cebada.

57

Ahí vienen los changos
de Chapultepec,
el más chiquitito
se parece a usted.

58

Son, son,
   son los enanos,
   chiquititos,
   veracruzanos.
   Son, son,
   son los enanos
   cortos de pies,
   largos de manos.
   Los enanitos
   quieren camisa;
   que se la compren
   con longaniza.

Los enanitos
   ya quieren ropa;
   que se la compren
   en Europa.

59

A la Marisola
   que anda por aquí,
   que de día y de noche
   no deja dormir.

Una prenda de oro
   y otra de oro y plata;
   que se quite, quite,
   esa prenda falsa.

60

A la rueda, a la rueda de San Miguel,
todos cargan su caja de miel;
a lo maduro, a lo maduro,
que se voltee . . . . de burro.

61

A la rueda de la patata,
   comeremos ensalada,
   lo que comen los señores:
   naranjitas y limones.

¡Alupé, alupé,
   sentadita me quedé!

62

El patio de mi casa
es particular;
se llueve y se moja
como los demás.

Agáchense,
y vuélvanse a agachar,
que los marineritos
se vuelven a la mar.

Chocolate, molinillo,
corre, corre, que te pillo;
estirar, estirar,
que el demonio va a pasar.

Desde chiquito
me quedé, me quedé,
algo resentido
de este pie, de este pie.

Muy singular que soy un cojito
y lo soy, lo disimularé;
tras, tras, que te doy un puntapié.

63

—¿Dónde va la cojita?,
  que mirunfrí, que mirunfrá.
—Voy al campo a buscar violetas.
—¿Para quién son esas violetas?
—Para la Virgen que es mi patrona.
—¿Si te encuentras con el rey?
—Yo le haré una reverencia.

64

Soy cojo de un pie
y manco de una mano,
tengo un ojo tuerto
y el otro apagado.

Soy cojo de un pie
y no puedo andar,
sólo al ver a usted
suelo no cojear.

65

A Madrú, señores,
vengo de La Habana
de cortar manzanas
para Doña Juana.

La mano derecha
y después la izquierda
y después de lado
y después costado;
una media vuelta
con su reverencia.

Tin, tin, que ahí viene la muerte,
tin, tin, que ahí te va a pisar.

66

−San Serafín del Monte,
    San Serafín, ¿qué haré?
−Haz como buen cristiano.
−Yo me hincaré.

−San Serafín del Monte,
    San Serafín, ¿qué haré?
−Haz como buen cristiano.
−Yo me sentaré.

San Serafín del Monte,
    San Serafín, ¿qué haré?
−Haz como buen cristiano.
−Yo me acostaré.

Las cortinas de mi alcoba
    son de terciopelo azul,
    y entre cortina y cortina
    se pasea un andaluz.

Broche de oro
para el moro,
broche de plata
para la infanta,
broche de cobre
para los pobres,
broche azul
que te vuelvas tú.

68

aracol, caracol,
que se llama mirasol.
La culebra ya murió,
Pancho chico la mató.

Niños y niñas,
manos atrás.
Abriéndose la rosa
y cerrándose el clavel.

69

Doña Blanca está cubierta
de pilares de oro y plata,
romperemos un pilar
para ver a Doña Blanca.

—¿Quién es ese jicotillo
que anda en pos de Doña Blanca?
—Yo soy ese jicotillo
que anda en pos de Doña Blanca.
Romperemos un pilar
para ver a Doña Blanca.

Estaba la pájara pinta
sentadita en el verde limón;
con el pico recoge la hoja,
con las alas recoge la flor.

¡Ay sí, cuándo la veo yo!

Me arrodillo a los pies de mi amante,
fiel y constante.
Dame una mano,
dame la otra,
dame un besito
que sea de tu boca.

71

Arroz con leche,
me quiero casar
con un mexicano
que sepa cantar.

El hijo del rey
me manda un papel,
me manda decir
me case con él.

Con éste no,
con éste sí,
con éste mero
me caso yo.

ebritas, hebritas de oro,
que se me vienen quebrando,
que dice mi señor amo
que cuántas hijas tenéis.

—Si las tengo o no las tengo,
no las tengo para dar,
que del pan que como yo
mis hijas lo comerán.

—Ya me voy muy enojado
por las puertas del palacio,
que las hijas del rey
no me las quisieron dar.

—Vuelva, vuelva, caballero,
no sea tan descortés;
de las hijas que yo tengo
escoja la más mujer.

—Ésta me llevo
por linda y hermosa,
que parece una rosa
acabada de cortar.

—No me la siente en el suelo,
siéntemela en un cojín,
que las hijas que yo tengo
son hijas de un gachupín.

73

Aquí anda el Ramo
de rama en rama,
que se ha de casar
con la mejorana.

–Conmigo no.
–Entonces, ¿con quién de buena gana?

74

Yo soy la viudita
del conde Laurel,
y quiero casarme
y no encuentro con quién.

–Pues siendo tan bella,
no hallaste con quién,
elige a tu gusto,
que aquí tienes cien.

–Elijo a esta niña
por ser la más bella,
la blanca azucena
de todo el jardín.

–Y ahora que hallaste
la prenda querida,
feliz a su lado
pasarás la vida.

–Contigo sí,
contigo no,
contigo, viudita,
me casaré yo.

Yo soy la viudita
    de Santa Isabel;
    me quiero casar,
    y no hallo con quién.

El mozo del cura
    me manda un papel,
    y yo le mando otro
    de Santa Isabel.

Mi madre lo supo,
    ¡qué palos me dio!
    Malhaya sea el hombre
    que me enamoró.

Es la casa del conejo,
    y el conejo no está aquí;
    ha salido esta mañana,
    y no ha vuelto por aquí.

¡Ay! ¡ay! ¡ay! ¡ay!
    El conejo ya está aquí.
    Escoge a la niña
    que te guste más a ti.

77

Mi comadre Juana
    andaba en un baile,
    que lo baile, que lo baile,
    y si no lo baila,
    le doy castigo de agua.

Que salga usted,
    que la quiero ver bailar,
    saltando, bailando,
    las patas al aire.

Por lo bien que lo baila la moza,
    déjela sola, sola en un baile,
    que la quiero ver bailar.

Hojas de té;
té de limón,
hojas y hojas
y nada de té.

En el puente marinero
hay una niña brincando,
con su letra lo que dice:
"Soy la reina de los mares".

—Soy la reina de los mares,
ustedes lo van a ver,
tiro mi pañuelo al suelo
y lo vuelvo a recoger.

Si la cosa no se acaba,
la culpa la tienes tú,
por andar de parrandera
con tu vestidito azul.

Una, dos y tres,
sota, caballo y rey.

57

80

Tengo una muñeca
vestida de azul,
zapatitos blancos,
delantal de tul.

La llevé a la calle,
se me constipó;
la metí a la cama
con mucho dolor.

—Brinca la tablita.
—Yo ya la brinqué.
—Bríncala de vuelta.
—Yo ya me cansé.

—Lava esa ropita.
—Yo ya la lavé.
—Lávala de vuelta.
—Yo ya me cansé.

—Plancha la ropita.
—Yo ya la planché.
—Plánchala de vuelta.
—Yo ya me quemé.

—Corta esa ropita.
—Yo ya la corté.
—Córtala de vuelta.
—Yo ya me piqué.

81

A la víbora, víbora
de la mar, de la mar,
por aquí pueden pasar,
los de adelante corren mucho
y los de atrás se quedarán,
tras, tras, tras, tras.
Una mexicana
que fruta vendía,
ciruela, chabacano,
melón o sandía.

Verbena, verbena,
la Virgen matatena,
que llueva, que llueva,
la Virgen de la cueva.

Campanita de oro,
déjame pasar
con todos mis hijos
menos el de atrás,
tras, tras, tras.

Será melón,
será sandía,
será la vieja
del otro día,
día, día, día, día.

82

A la víbora, víbora
de la mar, de la mar,
los maestros a volar,
las materias no nos gustan,
no queremos estudiar,
estudiar, estudiar,
y la escuela a volar.

83

Vamos a la huerta
de toro, toronjil,
a ver a Milano
comiendo perejil.

Milano no está aquí,
está en su vergel
abriendo la rosa
y cerrando el clavel.

Mariquita, la de atrás,
que vaya a ver
si vive o muere,
sino para correr.

84

—Al ánimo, al ánimo,
   que se ha roto la fuente.
—Al ánimo, al ánimo,
mandadla componer.
—Al ánimo, al ánimo,
que no tengo dinero.
—Al ánimo, al ánimo,
nosotros lo tenemos.
—Al ánimo, al ánimo,
de qué es ese dinero.
—Al ánimo, al ánimo,
de cáscaras de huevo.
—Al ánimo, al ánimo,
pasen los caballeros.

—¿Con quién te quieres ir,
con melón o con sandía?

86

Ojos a la vela
y manos atrás,
cuídense muchachos,
que voy a pasar.

85

El florón está en las manos,
   en las manos del señor,
   el que no me lo adivine
   se le parte el corazón.

Ábrete granada
si eres colorada;
ábrete membrillo
si eres amarillo;
ábrete limón
si tienes corazón.

—Yo lo tengo,
yo lo tengo.

—La torre en guardia,
la vengo a destruir.
—Pues yo no te temo
ni a ti ni a tus soldados.

—Pues me voy a quejar
al gran rey del torreón.
—Pues vete a quejar
al gran rey del torreón.

—Mi rey, mi príncipe,
me postro a vuestros pies.
—Mi guarda, mi soldado,
decid lo que queréis.

—Que uno de vuestros pajes
la torre va a destruir.

—Mi rey, mi príncipe,
me postro a vuestros pies.
—Mi guarda, mi soldado,
decid lo que queréis.

—Que uno de vuestros pajes
me quiere combatir.

—Amó, ató, *matarilerileró*.
—¿Qué quiere usted?, *matarilerileró*.
—Quiero un paje.
—Escoja usted.
—Escojo a usted.
—¿Qué oficio le pondremos?
—Le pondremos lavandera.
—Ese oficio no le gusta.
—Le pondremos planchadora.
—Ese oficio no le gusta.
—La pondremos de sultana.
—Ese oficio sí le gusta.
—Celebremos todos juntos.

89

anto Domingo
de la buena vida,
hacen así, así, así,
las lavanderas . . .

90

Éste es el juego
de Juan Pirulero,
que cada quien
atienda a su juego.

91

Por aquella sierra
vienen bajando
cuatro palomitas
y un viejo arreando.

Se queman, se queman,
las calabazas;
el que no se abrace
se queda de guaje.

92

A pares y nones
vamos a jugar,
el que quede solo
ése perderá. ¡Ey!

93

Ésta es la batalla
del calentamiento.
Había que ver
la carga del jinete.

Jinete a la carga:
¡Un pie!

Ésta es la batalla
del calentamiento.
Había que ver
la carga del jinete.

Jinete a la carga:
¡Un pie!,
¡el otro!

y vamos a dar la lata
a la casa de su tía,
con su triqui, triqui, tran.

94

Acitrón de un fandango,
zango, zango, sabaré,
sabaré de farandela,
con su triqui, triqui, tran.

Por la vía voy pasando,
por la vía pasa el tren,
acitrón de un fandango,
zango, zango, sabaré.

Antonio tenía una flauta,
con ella se divertía

95

Lero, lero, candelero,
aquí te espero,
comiendo huevo,
con la cuchara
del cocinero.

96

ste es el juego
de Juan Perulero,
que cada cual
atiende a su juego.

Juan Perulero
mató a su mujer
con veinte cuchillos
y un alfiler,
y la fue a vender
a los padres de San Miguel.

Los padres creyeron
que era carnero,
y era la mujer
de Juan Perulero.

97

Tabita de hueso
en el campo andabas
comiendo zacatito
y carne me dabas.

II

FÓRMULAS DE SORTEO

98

Al dindón de la dina, dina, danza.
Ay, qué ruido se oye en Francia.
Arrequeteplé, arrequechulé,
al dindón, que salga usted.

99

Un chivo se dio un tubazo
y en el aire se detuvo.
Botín, botero,
salió primero
tu compañero.

100

Bajo la pérgola
nace la uva,
primero verde
y después madura.
Quiquiriquí,
quiquiriquí,
la más bella
va fuera de aquí.

101

En la calle veinticuatro,
una vieja mató a un gato
con la punta del zapato;
el zapato se rompió
y la vieja se asustó.
Tú serás primero,
sácate viejo "chimbón".

102

En la calle del ocho
me encontré a Pinocho,
y me dijo que contara
del uno al ocho:
1,2,3,4,5,6,7,8.

104

Pin uno, pin dos,
pin tres, pin cuatro,
pin cinco, pin seis,
pin siete, pin ocho,
dan las ocho
con un palo
retemocho.
Bolillo, telera,
pambazo y afuera.

103

Garratilla, zapatilla,
pies de gato, veinticuatro,
veinticinco, veintiséis,
veintisiete, veintiocho,
veintinueve, treinta.

105

apandoro, oro, oro.
¿Cuántos días has estado en Francia?
—Lunes, martes, miércoles, jueves,
viernes, sábado, domingo
y otra vez lunes.

106

La nandilla de gosí,
basilla la huaca,
temaca te trompe,
te cuchi palanca
y saca.

107

os perros aquí,
los gatos allá.
Cuéntame diez
y yo me saldré.

108

—Don Pantaleón,
¿qué cuántas son?
—Que veinticinco
y el carbón;
que la herradura
para la mula,
cinta de plata
para la gata,
el coche de oro
para el moro.
Cucurucú, cucurucú,
que te vires tú.

109

osa, clavel y botón,
sácate viejo panzón.

110

En un plato de ensalada
todos comen a la vez.
Churumbel, churumbel,
sota, caballo y rey.

111

De una, de dola,
de tela canela,
zumbaca tabaca,
que vira virón,
toca las horas
que ya mero son;
tócalas bien,
que las once son.

112

rbolito de pirul,
dime niño
cuántos años tienes tú.

113

Un gato cayó en un plato,
sus tripas se hicieron pan.
Arrepote, pote, pote,
arrepote, pote, pan.

114

orre la rata,
corre el ratón,
corre la rata
con todo y cajón.

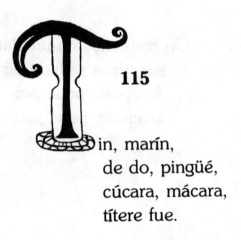

115

in, marín,
de do, pingüé,
cúcara, mácara,
títere fue.

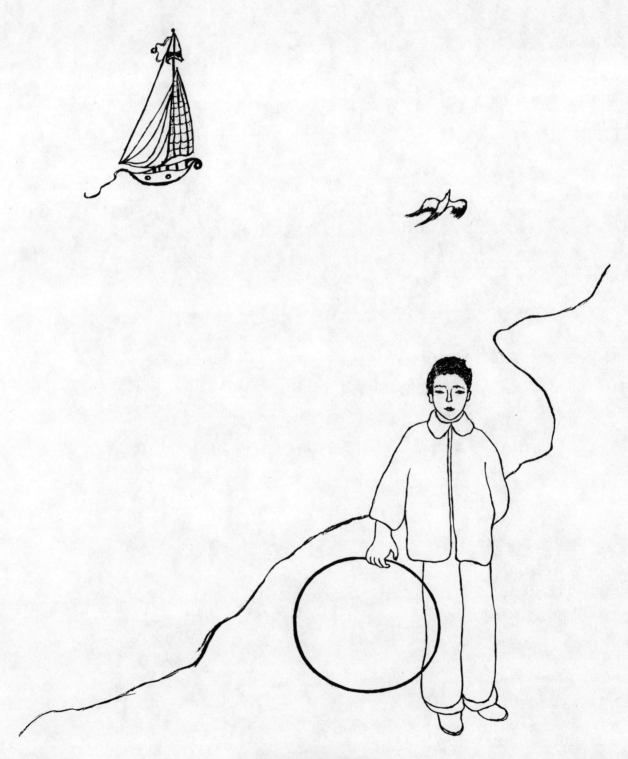

III

ADIVINANZAS

116

n lo alto vive,
en lo alto mora,
en lo alto teje
la tejedora.

(La araña)

117

Adivina, adivinanza,
que se pela por la panza.

(La naranja)

118

entana sobre ventana,
sobre ventana balcón,
sobre el balcón una dama,
sobre la dama una flor.

(La piña)

119

ro no es,
plata no es;
abre la cortina
y verás lo que es.

(El plátano)

120

En casa de Chi
mataron a Ri,
vino Mo
y dijo Ya.

(La chirimoya)

121

Por fuera soy espinoso,
tengo adentro una pepita;
para ponerme sabroso
me cuecen en una ollita.

(El chayote)

122

Una señorita
va por el mercado
con su cola verde
y su traje morado.

(La berenjena)

123

Agua pasa por mi casa,
cate de mi corazón;
el que no me lo adivine
es un burro cabezón.

(El aguacate)

124

Negro por fuera,
verde por dentro
y con hueso de aguacate adentro.

(El aguacate)

125

ito pasó por aquí,
mate le dio la razón;
el que no me lo adivine
se le parte el corazón.

(El jitomate)

126

Colorín, colorado,
chiquito, pero bravo.

(El chile)

127

eco salí de mi casa,
y en el campo enverdecí;
con la mudanza del tiempo
seco a mi casa volví.

(El ajo)

128

Chiquito, chiquito
como una uña,
pero refunfuña.

(El ajo en el sartén)

129

En el campo me crie
llenita de verdes brazos,
y tú que lloras por mí
me estás haciendo pedazos.

(La cebolla)

77

130

¡Epa, epa!
Me llevan al trote,
y en cada esquina
me dan un azote.

(El epazote)

131

Chiquita como un arador
y sube a la mesa del emperador.

(La sal)

78

132

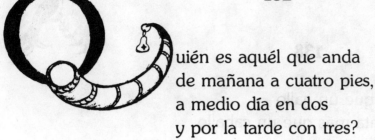

uién es aquél que anda
de mañana a cuatro pies,
a medio día en dos
y por la tarde con tres?

(El hombre)

133

Cimiento sobre cimiento,
sobre cimiento una caja,
sobre una caja una cruz,
sobre la cruz un molino,
sobre el molino una luz,
sobre la luz el campo de los ladrones.

(El cuerpo humano)

134

En mi pueblo hay un convento
con muchas monjas adentro,
más arriba dos ventanas,
más arriba dos luceros,
y más arriba la carretera
por donde pasan los caballeros.

(La cabeza)

135

En una cuevita
está una tablita,
que secas y aguas
está mojadita.

(La lengua)

136

Una señora muy aseñorada,
que siempre va cubierta
y siempre está mojada.

(La lengua)

137

divina, adivinanza,
¿qué tiene el rey en la panza?

(El ombligo)

138

ás chica que un gallo
y aguanta más que un caballo.

(La banqueta)

139

Habla y no tiene boca,
oye y no tiene oído,
es chiquito y mete ruido,
muchas veces se equivoca.

(El teléfono)

140

Sin alas lo mismo vuela,
se parece a una langosta,
un molino en su cabeza,
en cualquier sitio se posa.

(El helicóptero)

141

Dos cabezas me dio Dios
para ser más entendido;
mi corazón es negrito
y de blanco es mi vestido.

(El cigarro)

142

na caja llena de soldaditos,
con sus cascos coloraditos.

(Los cerillos)

143

Campo blanco,
flores negras,
un arado
y cinco yeguas.

(La carta, la pluma y los dedos)

146

untos dos en un borrico
ambos andan a la par;
uno anda doce leguas
y otro una nada más.

(Las agujas del reloj)

144

Blanca como la nieve,
negra como la pez;
habla y no tiene lengua,
corre y no tiene pies.

(La carta)

147

Doce señoritas
en un corredor;
todas tienen medias,
pero zapatitos no.

(Las horas)

145

Blanco fue mi nacimiento,
pintáronme de colores;
he causado muchas muertes
y empobrecido señores.

(La baraja)

148

Una viejita con un solo diente
hace correr a toda la gente.

(La campana)

149

hiquitito como un ratón
y cuida la casa como un león.

(El candado)

150

 Lana sube, lana baja,
el señor que la trabaja.

(La navaja)[4]

151

Con A empieza mi nombre,
de las damas soy querido;
si me prenden soy seguro,
y si me sueltan perdido.

(El alfiler)

152

Chiquito, redondo,
barrilito sin fondo.

(El anillo)

153

Para bailar me pongo la capa,
para bailar me la vuelvo a quitar,
pues no puedo bailar con capa
y sin capa no puedo bailar.

(El trompo)

---

[4] Otras respuestas: "un borrego en un elevador" y "un millonario en un elevador".

154

oy de barro,
llevo encima mi vestido de papel;
si con un palo me rompen,
llueven frutas a granel.

(La piñata)

155

Tito, tito capotito,
sube al cielo
y pega un grito.

(El cohete)

156

erde en el monte,
negro en la plaza
y coloradito en casa.

(El carbón)

157

En la ventana soy dama,
en el estrado señora,
en la mesa cortesana
y en el campo labradora.

(El agua)

158

Muchacho llorón,
cotón colorado,
que en aguas y en secas
siempre está mojado.

(El cántaro)

159

Caballito de banda a banda,
que ni come, ni bebe, ni anda.

(El puente)

160

Todos pasan sobre mí
y yo no paso por nadie;
muchos preguntan por mí,
y yo no pregunto por nadie.

(La calle)

161

Azulitos van,
azulitos vienen;
mis ojos lloran,
pesar no tienen.

(El humo)

162

¿Qué cosa tiene el molino
precisa y muy necesaria,
que no molerá sin ella
y no le sirve de nada?

(El ruido)

163

Con ser ninguno mi ser,
muchas veces en un día
suelo menguar y crecer,
y no me puedo mover
si no tengo compañía.

(La sombra)

164

Vuela sin alas,
silba sin boca,
y no se ve ni se toca.

(El viento)

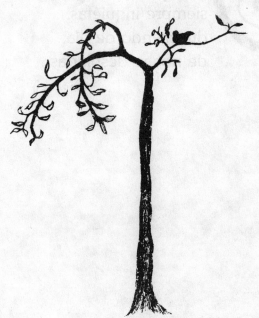

165

rama como toro,
relumbra como oro.

(El relámpago)

166

iempre quietas,
siempre inquietas,
durmiendo de día,
de noche despiertas.

(Las estrellas)

IV

ARRULLOS

167

rrorró mi niño,
arrorró mi sol,
arrorró pedazo
de mi corazón.

168

Arrorró, mi niño,
que te canto yo.
Arrorró mi niño
que ya se durmió.

169

ájaros de mayo,
pájaros de abril,
háganme la cuna
en un toronjil.

Toronjil de plata,
cuna de marfil,
cántenle a mi niño
que se va a dormir.

Ángel de la Guarda
que vas a venir
cuida a mi niñito
que se va a dormir.

Este niño lindo
por fin se durmió,
que lo cuide el ángel
que le manda Dios.

170

omeros de mayo,
pájaros de abril,
arrullen al niño
que se va a dormir.

171

Campanitas de oro,
torres de marfil,
canten a este niño
que se va a dormir.

172

Campanas de plata,
torres de cristal,
canten a este niño
que ha de descansar.

173

Campanita de oro,
jilguero de mayo,
cántale a ese niño
que tiene desmayo.

174

ste niño lindo
se quiere dormir,
cierra los ojitos
y los vuelve a abrir.

175

Este niño lindo
se quiere dormir;
pónganle su cama
en el toronjil.

176

La cunita viene,
la cunita va,
el niño se duerme
pensando en mamá.

177

a bajó la estrella,
ya llegó a Belén;
duérmete mi niño,
duérmete mi bien.

178

A la rorro, rorro,
y a la rorrorró;
duérmete, niñito,
de mi corazón.

A la rorro, niño,
y a la rorrorró;
duérmete, bien mío,
que ya amaneció.

179

Arrorró, mi niño,
la luna llegó,
porque a su casita
se ha marchado el sol.

180

a señora Luna
se quiere casar
con un pajarito
de plata y coral.

181

A la rorro, niño,
a la rorro, ro,
duérmete niñito,
que te arrorro yo.

182

A dormir va la rosa
de los rosales;
a dormir va mi niño
porque ya es tarde.

183

Señora Santa Ana,
Señor San Joaquín,
arrullen este niño,
que se va a dormir.

184

Santa Margarita,
carita de luna,
méceme ese niño
que tengo en la cuna.

185

Si este niño
se durmiera,
qué feliz
a mí me hiciera.

186

Duérmete niñito
que tengo qué hacer;
lavar tus pañales,
ponerme a coser
una camisita
que te has de poner
el día de tu santo,
Señor San Miguel.

187

Ru, ru, camaleón,
duérmete niño
que tengo qué hacer:
fregar y moler
y ponerme a coser.

188

Dochecita linda,
que tu pajarito
venga con canciones
para este angelito.

189

Si te duermes, niño,
te hago tu ropón
bien adornadito
de pasalistón.

190

Basta de jugar,
basta de reír;
cierre ya los ojos
y quédese así.

191

Duérmete, niño,
que ahí viene el coco,
y se lleva a los niños
que duermen poco.

192

Duérmete, niñito,
que ahí viene el coyote,
y te va a llevar
como al guajolote.

193

Duérmete, niñito,
ya viene el nahual,
y a los que no duermen
se los quiere llevar.

194

Con su traje rico
y su hijito feo,
la loba, la loba,
vendrá por aquí,
si esta niña linda
no quiere dormir.

195

Duérmete, niño,
duérmete solito,
que cuando despiertes
te daré atolito.

Duérmete, mi vida,
duérmete, mi cielo,
que la noche es fría
y habrá nieve y hielo.

Duérmete, bien mío,
duerme sin cuidado,
que cuando despiertes
te daré un centavo.

196

El niño quiere llorar,
está haciendo pucheritos;
para que no llore tanto
póngale su roponcito.

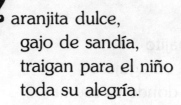

197

Naranjita dulce,
gajo de sandía,
traigan para el niño
toda su alegría.

198

Campanita de oro,
si yo te comprara,
se la diera al niño
para que jugara.

199

Arriba del cielo
está un volantín
donde se pasea
señor San Joaquín.

Arriba del cielo
está una ventana
por donde se asoma
señora Santa Ana.

Arriba del cielo
está un canapé
en donde se sienta
señor San José.

Arriba del cielo
hay muchos piñones
que están repartiendo
los Santos Varones.

Arriba del cielo
está una granada
que está desgranándola
Santa Librada.

Arriba del cielo
está una sandía
que está rebanándola
Santa Lucía.

Arriba del cielo
hay un cojincito
en donde se acuesta
el niño chiquito.

Allí está la Virgen
en el corredor
cosiendo la capa
de Nuestro Señor.

200

Allá está la luna
comiendo su tuna
y echando las cáscaras
en la laguna.

201

ás abajito
está un agujero
por donde se asoma
narices de cuero.

202

Rurrú, carrurrú,
patitas de burro;
rurrú, camacho,
patitas de macho.

203

ormir, dormir,
que cantan los gallos
de San Agustín,
que la vieja cucureca
pasó por aquí
vendiendo tamales
de San Marroquí.

204

A la rorro, tata,
que tuvo la rata
cuatro ratoncitos
y una garrapata.

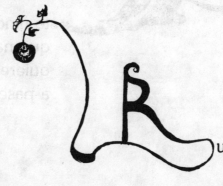

205

u, ru, camaleón,
su mamá la rata,
su tata el ratón.

206

A la rorro, niño,
¿por qué llora el niño?
Se perdió la manzana,
duérmete San Camaleón.
Abajo del hueco
salió un ratón;
mátenlo, mátenlo
de un guantón.

207

Señora Santa Ana,
¿por qué tiene pena?
—Porque la gatita
se comió la cena.

208

Este niño lindo,
que nació de noche,
quiere que lo lleven
a pasear en coche.

209

Este niño lindo,
que nació de día,
quiere que lo lleven
a comer sandía.

V

JUEGOS PARA NIÑOS PEQUEÑOS

210

galope vengo,
a galope voy;
en mi caballito
muy contento estoy.

211

Arre, caballito,
vamos a Belén,
que mañana es fiesta
y al otro también.
Arre, arre, arre,
que llegamos tarde.

212

Andar, andar,
patitas de muladar.

213

Aserrín, aserrán,
los maderos de San Juan
piden pan, no les dan,
piden queso y les arrancan
un pedazo de pescuezo.

Los maderos de San Juan
piden pan, no les dan,
piden queso, les dan un hueso,
y se les atora en el pescuezo
y se sientan a llorar
en la puerta del zaguán.
Riqui, riqui, riqui, ran.

Aserrín, aserrán,
los maderos de San Juan
piden pan y no les dan,
piden queso y les dan un hueso,
les asierran el pescuezo.
Riqui, riqui, riqui, ran.

214

oquita comilona,
nariz piquete,
ojitos legañosos,
tinquirirete.

215

Mano muerta
llama a la puerta,
llama al portón
donde le dan un cortón.

216

No tengo manita,
no tengo manita,
porque la tengo
desconchinfladita.

217

Cuando voy
a casa de Peña,
con la patita
le hago la seña.

Ven acá,
burrito viejo,
daca la pata
de conejo.

218 🌸

Tortillitas de manteca
para mamá que está contenta;
tortillitas de salvado
para papá que está enojado.

219

Papas y papas para papá,
papas y papas para mamá;
las calientitas para papá,
las quemaditas para mamá.

220

Éste compró un huevo,
éste lo puso a asar,
éste le echó la sal,
éste se lo comió
y éste no comió nada.

221

A, el burro se va;
E, el burro se fue;
I, el burro está aquí;
O, el burro se ahogó;
U, el burro eres tú.

222

Sana, sana,
colita de rana,
toma un besito
para hoy y mañana,
y si no sanas hoy
sanarás mañana.

223

Pelón, pelonete,
cabeza de cuete,
vendiendo tamales
a cinco y a siete.

224

Cinco pollitos
tiene mi tía;
uno le canta,
y otro le pía,
tres que le tocan
la chirimía.

225

Pimpón es un muñeco
muy lindo y de cartón,
se lava las manitas
con agua y con jabón,
se desenreda el pelo
con peine de marfil.
Cuando toma su leche
no ensucia el delantal,
pues come con cuidado
como un buen colegial.
Pimpón dame la mano
que quiero ser tu amigo,
Pimpón. Pimpón.

VI

FIESTAS

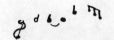

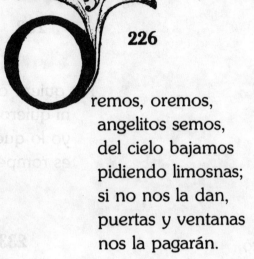

226

Oremos, oremos,
angelitos semos,
del cielo bajamos
pidiendo limosnas;
si no nos la dan,
puertas y ventanas
nos la pagarán.

227

Por aquí pasó la Muerte
con su aguja y su dedal
remendando sus nagüitas
para el día del carnaval.

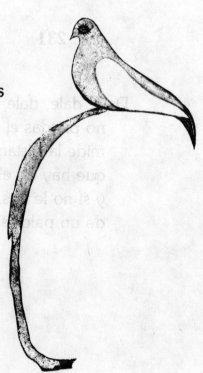

228

Ahí viene el agua
por la ladera,
y se me moja
mi calavera.

PIÑATAS

229

Castaña verde,
piña madura,
dale de palos
a la olla dura.

230

Bajen la piñata,
bájenla un tantito,
que le den de palos
poquito a poquito.

231

Dale, dale, dale,
no pierdas el tino,
mide la distancia
que hay en el camino,
y si no le das,
de un palo te empino.

232

No quiero oro,
ni quiero plata,
yo lo que quiero
es romper la piñata.

233

La piñata tiene cola,
colaciones de a montón.

La piñata tiene caca,
cacahuates y colación.

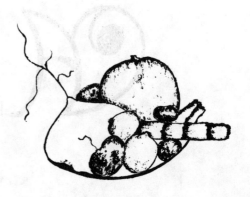

234

ndale, niña,
sal del rincón
con la canasta
de la colación.

235

Ándale, Juana,
no te dilates
con la canasta
de los cacahuates.

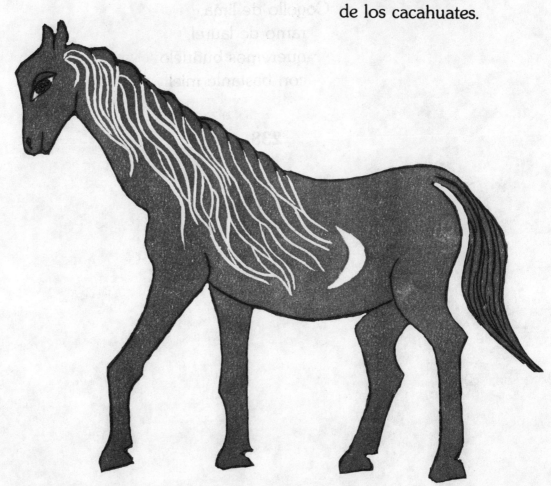

236

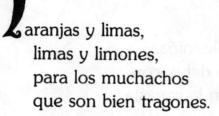

Naranjas y limas,
limas y limones,
para los muchachos
que son bien tragones.

237

Cogollo de lima,
ramo de laurel,
queremos buñuelo
con bastante miel.

238

Echen confites,
gordas calientes,
pa los viejitos
que no tienen dientes.

VII

VILLANCICOS

239

Ábranme la puerta
si quieren que cante;
al Niño Jesús
traigo por delante.

240

Alabando a Dios
con mucha alegría,
y la Rama le dejo
a José y María.

241

Naranjas y limas,
limas y limones,
más linda es la Virgen
que todas las flores.

242

La Virgen María
su pelo tendió,
hizo una cadena
que al cielo llegó.

243

Por entre estas peñas,
por entre estos cerros,
viene caminando
la reina del cielo.

244

algan acá fuera,
verán qué primor,
que a la media noche
ha nacido el sol.

245

Ábranse las puertas,
rómpanse estos quicios,
que a la media noche
ha nacido Cristo.

246

Ésta sí que es Nochebuena
en que nació el Niño Dios;
ésta sí que es Nochebuena,
ésta sí, que las otras no.

247

el tronco nació la rama
y de la rama la flor,
de la flor nació María
y de María el Redentor.

248

Albricias, pastores,
ya parió María
un niño tan lindo
cual la luz del día.

249

Caminen, pastores,
vamos a Belén
a ver a la Virgen
y al Niño también.

250

Pastores venid,
pastores llegad,
a adorar al Niño
que ha nacido ya.

251

En un portalito
    de cal y de arena,
    nació Jesucristo
    por la Nochebuena.

252

En un portalito
    de cal y basura,
    nació Jesucristo
    una noche oscura.

253

n el portal de Belén
    hay estrella, sol y luna:
    la Virgen y San José
    y el Niño Dios en la cuna.

254

Los pastores de Belén
    todos juntos van por leña,
    para calentar al Niño
    que nació en la Nochebuena.

255

Señora Santa Ana,
  prevén los manteles,
  que el Niño nació
  entre los laureles.

256

Señora Santa Ana,
  prevén los fajeros,
  que el Niño nació
  entre los luceros.

257

Señora Santa Ana,
  prevén las mantillas,
  que el Niño ha nacido
  entre maravillas.

258

Señora Santa Ana,
  prevén los pañales,
  que el Niño ha nacido
  entre los cristales.

259

—Señora Santa Ana,
  ¿por qué llora el Niño?
  —Por una manzana
  que se le ha perdido.

260

Manzanita de oro,
  si yo te hallara,
  se la diera al Niño
  porque no llorara.

261

Palomita blanca,
  palomita azul,
  tiéndanle la cama
  al niño Jesús.

262

La Virgen lavaba,
  San José tendía,
  el Niño lloraba
  de hambre que tenía.

Le daban sopita
  y no la quería,
  sólo su lechita
  con que se dormía.

Le daban sopitas
y no las quería;
de buenas que estaban
San Juan las pedía.

263

Los tres Reyes Santos
al portal llegaron,
rindieron coronas
y se arrodillaron.

264

Los tres Reyes Magos
vienen de La Habana
y al Niño le traen
su linda manzana.

265

Los tres Reyes Magos
vienen del Oriente,
y le traen al Niño
su leche caliente.

266

Los tres Reyes Magos
vinieron de Oriente,
comiendo tortillas
y pelando los dientes.

267

Cuando el diablo supo
que Cristo nació,
en el mismo instante
colerín le dio.

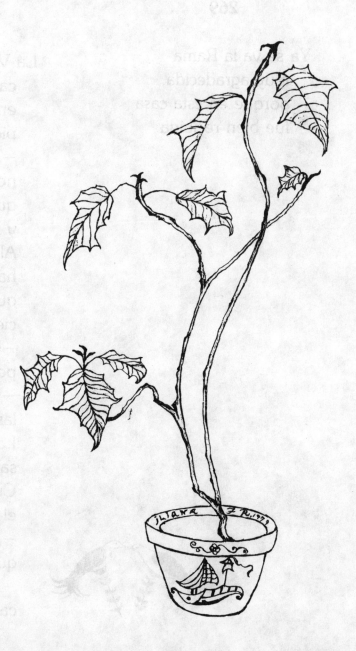

268

Ya se va la Rama
muy desconsolada,
porque en esta casa
no le dieron nada.

269

Ya se va la Rama
muy agradecida,
porque en esta casa
fue bien recibida.

270

La Virgen va caminando
caminito de Belén,
en el medio del camino
pide el Niño de beber.
—No pidas agua, mi vida,
no pidas agua, mi bien,
que los ríos vienen turbios
y los arroyos también.
Allá arriba en aquel cerro
hay un lindo naranjal
que lo cuida un pobre ciego,
ciego que no puede ver.
—Ciego, dame una naranja
porque el niño tiene sed.
—Córtelas usted, señora,
las que haya menester.
Las cortaba de una en una,
salían de tres en tres.
Cuando la Virgen se fue
el ciego comenzó a ver.
—¿Quién sería esa señora
que me hizo tanto bien?
—Era la Virgen María,
caminito de Belén.

NOTAS

Las siglas usadas en las notas se hallan en la bibliografía, p. 139.
Las referencias que aparecen como tradición oral sin ninguna sigla,
corresponden a versiones que nos fueron comunicadas durante la
elaboración de este libro.

1. Tradición oral. *Col. escolar*, México (Distrito Federal), 1965. (Todas las referencias a *Col. escolar* tienen el mismo lugar y año). —Romancillo heptasilábico, de origen francés, que penetró en España en el siglo XVIII. La descripción del entierro es un motivo tradicional que se halla también en otros textos. Los estribillos del romance varían muchísimo, no así la tonada. Se conocen versiones de *Mambrú* de casi todas las regiones de España y de América.

2. En *Mendoza 1939*, p. 379. Informante: Juana y Margarita Sola, México (Distrito Federal). —El romance de *Don Gato* está muy difundido en toda América. Se inscribe en la tradición de los "testamentos" tan frecuente en la literatura popular española (cf. Pilar García de Diego, "El testamento en la tradición", *Revista de Dialectología y Tradiciones Populares*, 9 (1953), pp. 601-666; 10 (1954), pp. 400-471).

3. En *Mendoza 1951*, p. 137, Fresnillo (Zacatecas), 1948.— Romance sumamente difundido en todos los países hispánicos y, pese a su tema, de gran arraigo en la tradición infantil. En los últimos versos de esta versión se nota una clara influencia del corrido de *Rosita Alvírez*.

4. En *Pichardo*, núm. 37.— *Alfonso XII* es un romance moderno (fines del siglo XIX) compuesto en ocasión de la muerte de la joven reina Mercedes, esposa de Alfonso XII de España. Está inspirado en un romance ya documentado en la tradición antigua: *La aparición*. Ambos romances se cruzan a menudo, dada su semejanza, y se producen versiones híbridas. Esto es muy notorio en la tradición chicana.

* Hasta la cuarta estrofa, las niñas cantan la canción divididas en dos grupos; a partir de la estrofa citada, se canta en coro.

5. En *Mendoza 1951*. p. 125. Arteaga (Coahuila). 1950. —Romance muy

popular en España, pero poco frecuente en América. Las versiones que poseemos suelen estar incompletas.

* Se forma una rueda que va girando al compás de la canción, que todas las niñas cantan. Al decir "me metieron para adentro", hacen entrar a una niña al centro. Cuando dicen "sacudiéndome . . ." le sacuden el vestido, y así sucesivamente en las otras acciones.

6. Tradición oral. Informante: Edith Negrín, estudiante de Letras Españolas, México (Distrito Federal), 1966. – Es una parodia hecha por los niños mexicanos de la canción difundida por las monjas francesas, traducción fiel de la versión original, sobre el martirio de Santa Catalina. En España y en muchos países de Hispanoamérica existe un romance con el mismo tema, pero con diferente expresión; hasta ahora no se han encontrado versiones mexicanas de dicho romance. Hay que anotar que la parodia a la canción francesa es muy popular y no siempre tan completa como la que presentamos aquí.

7. En *Mendoza 1956*, p. 205. Informante: Trinidad Mora, 55 años, Guadalajara (Jalisco), 1940. – Esta canción y la siguiente pertenecen al grupo de canciones seriadas, cuya gracia consiste en ir aumentando la enumeración y repetirla a la inversa.

8. Tradición oral, *Col. escolar*. Ver nota a la canción anterior.

9. Tradición oral, *Col. escolar*. – Canción encadenada, como varias de las que siguen. El diálogo nos indica que se suele cantar alternadamente entre dos niños, o bien entre un niño y los demás. Está documentada en el siglo XVI con el nombre de *Pez pecigaña*, nombre que se ha cambiado con el tiempo; así, *Pipirigaña* en España, *Pizipizigaña* en Honduras, *Pipisigallo* en Cuba, etc. (Cf. **Rodríguez Marín**, "Varios juegos infantiles . . .", pp. 499-507).

10. En *Quirarte 1959*, parte I, sección 3, Nochistlán (Zacatecas). – Según Rodríguez Martín (*Cantos . . .*, nota 206, p. 174) esta canción ya existía en el siglo XVII; una variante se encuentra en **Alonso de Ledesma**, *Juegos de Nochebuena . . .*

* Los niños cantan en coro e inician el paso, uno por uno y sin soltarse de las manos, por debajo del compañero inmediato, y así toda la fila, de suerte que, al terminar, todos ellos quedan de espalda y con los brazos cruzados.

11. Tradición oral, *Col. escolar*.

12. Tradición oral, *Col. escolar*. – Canción encadenada de gran arraigo en la tradición infantil hispánica.

13. En *Mendoza 1956*, p. 174. Informante: Amalia Ledesma, 35 años, Fresnillo (Zacatecas), 1948. Lo aprendió de niña. – Canción interesante por varios motivos: se inscribe en una tradición muy mexicana (quizás herencia prehispánica) como es la de las canciones de animales; el lector puede constatar la riqueza de este tema en el *Cancionero folklórico de México*, tomo III. Además, hay que resaltar la notoria influencia del Romancero tradicional en las dos últimas estrofas: en la primera hay un calco del romance de *Don Beltrán*; en la segunda aparece el motivo del entierro fuera de sagrado, de origen romancesco y de gran difusión en otros géneros. Recuérdese, por ejemplo, el corrido de *El hijo desobediente*.

14. En *Islas García*, p. 82.

15. Tradición oral, *Col. Colegio*, Tamazunchale (San Luis Potosí). – Canción encadenada y enumerativa, con la particularidad de que la enumeración disminuye, contrariamente a lo común en este género de canciones.

16. Tradición oral, *Col. escolar*.
* Se juega en rueda.

17. Tradición oral. Informante: Adelina Guzmán, México (Distrito Federal), 1979. La aprendió de niña.

18. En *Mendoza 1951*, p. 24, Puebla (Puebla), 1914. – La primera estrofa pertenece a un villancico (cf. núm. 260); a partir de ésta se han creado las demás para componer una canción enumerativa. Se ha conservado el carácter sacro gracias a la mención de las iglesias en el último verso de cada cuarteta.

19. Tradición oral, *Col. escolar*. –Canción de nunca acabar.

20. En *Quirarte 1959*, parte I, sección 3, Nochistlán (Zacatecas). – Una muestra más de la importancia que tienen los animales en el folklore infantil mexicano (cf. nota al texto núm. 13).

* Los integrantes de este juego forman una fila; los más altos y fuertes delante y los más pequeños detrás, enlazándose todos por la cintura. Todos simulan ser una sarta de gallinas y pollos que se defenderán de otro niño que personifica a un coyote. El coyote ataca jalando mediante movimientos ondulantes.

21. Tradición oral, *Col. escolar*.

22. Tradición oral, *Col. escolar*.

* Los niños cierran los puños y los van poniendo uno encima de otro hasta formar una torre. Entre dos hacen el diálogo y al terminar, el que dice "ay, pobrecito" saca su puño y lo esconde bajo su brazo, y así hasta que todos tienen los puños guardados.

23. Tradición oral. Informante: Lina Sala, 23 años, México (Distrito Federal), 1979. Lo aprendió en 1960.

24. Tradición oral, *Col. escolar*. –Nótese que la primera cuarteta es una copla sin relación con el resto. Es muy común entre los niños mezclar en una sola canción estrofas de distinta procedencia.

25. En *Mendoza 1951*, p. 143. Informante: Petra Guzmán Barrón, México (Distrito Federal), 1947. Procede de San Pedro Piedra Gorda (Zacatecas), 1885.

26. Tradición oral, *Col. escolar*.

27. Tradición oral, *Col. escolar*.

28. En *Mendoza-Rodríguez*, p. 285. Informante: Petra Guzmán Barrón, 68 años, México (Distrito Federal), 1948. Procede de San Pedro Piedra Gorda (Zacatecas), 1885.

29. En *Cancionero Picot*, p. 23. – Las dos primeras estrofas son seguramente restos de un romance tradicional.

30. Tradición oral, *Col. escolar*. – Es una de las canciones más populares en México.

* Es juego de niñas. Se hace un círculo y una niña pasa al centro. La rueda gira y se detiene en la última estrofa. La niña del centro elige a una niña de la rueda, que pasa a ocupar su lugar, mientras ella sale fuera del círculo. Se continúa hasta que en la rueda quedan dos niñas.

31. Tradición oral, *Col. escolar*.

* Los niños, en círculo, giran rápidamente mientras cantan.

32. En *Quirarte 1934*, p. 199, Nochistlán (Zacatecas). – Esta cuarteta y la siguiente son variantes de la canción anterior.

33. Tradición oral, *Col. escolar*. – Ver nota al texto anterior.

34. En *Mendoza 1951*, p. 83. Informante: Concepción García Lagunes, 35 años, México (Distrito Federal), 1935. Procede de Santa Rita (Veracruz), 1910.

35. Tradición oral, *Col. escolar*.

36. Tradición oral, *Col. Sonora*, Hermosillo (Sonora). – Es la canción de *Cri-cri* (Gabilondo Soler) que más se ha popularizado. Es de presumir que quedará en la tradición infantil mexicana.

37. Tradición oral, *Col. Colegio*. Informante: Teresa Capistrán, Córdoba (Veracruz). – Con adición de las dos estrofas finales se canta en Peñuela (Veracruz). Informante: Eloísa Llanos.

38. *Ibid.* Informante: Eloísa Llanos, Peñuela (Veracruz).

39. En *Disco Columbia IN-5*.

40. Tradición oral, *Col. Colegio*. Informante: María del Carmen Garza Ramos, México (Distrito Federal), 1963.

* Los niños extienden las manos sobre una mesa; uno de ellos les va pellizcando los dedos. Cuando a un dedo le toca "puso ocho" el niño lo dobla. Cuando todos los dedos se han doblado se esconde la mano. El niño que esconda primero las dos manos gana.

41. *Ibid.* Informante: Héctor Valdés, México (Distrito Federal). Procede de Zamora (Michoacán). – Cf. nota al texto núm. 9.

42. *Ibid.* Informante: Teresa Capistrán, Córdoba (Veracruz).

* La rueda gira durante la primera estrofa y se detiene durante la segunda, que canta la niña del centro; al decir los últimos versos elige a una niña de la rueda, que pasa a ocupar su lugar.

43. Tradición oral, *Col. escolar*. – Canción seguramente de origen medieval; el verso "que viva la gala" está documentado profusamente desde el siglo XVI. Cf. **Eduardo M. Torner**, *Lírica hispánica. Relaciones entre lo popular y lo culto*, Castalia, Madrid, 1966, pp. 29-31.

44. En *Cancionero Picot*, p. 20.

45. Tradición oral, *Col. Sonora*. Informante: Javier Martínez, Hermosillo (Sonora), 1966. – Las imprecaciones a la luna vienen de tiempos remotos y existen en toda Europa. Según el informante, los niños cantan estos versos cuando hay luna llena.

46. Tradición oral, *Col. escolar*.

* Se canta cuando llueve o cuando va a llover. También se juega de la siguiente manera: los niños forman una fila; el que la guía procura llevar a los otros de la forma más caprichosa posible. Es obligatorio que todos vayan mirando al cielo, excepto el guía. Cuando algún niño cae, el segundo de la fila reemplaza al guía.

47. En *Mendoza-Rodríguez*, p. 41. Informante: Petra y Eulalia Guzmán Barrón, 68 y 65 años, México (Distrito Federal), 1947. Procede de San Pedro Piedra Gorda (Zacatecas), 1890. – Invocación contra las tempestades, de gran arraigo en la tradición.

48. Tradición oral, *Col. escolar*.

49. Tradición oral, *Col. escolar*.

50. Tradición oral, *Col. escolar*. – La primera estrofa es una variante de la canción anterior; no tiene mucho que ver con las estrofas siguientes, que sí tienen unidad entre ellas.

51. Tradición oral. Informante: Rosa María de la Peña, Monterrey (Nuevo León).

52. Tradición oral, *Col. escolar*. – Traducción de la popular canción francesa *Frère Jacques*.

* Se suele cantar a varias voces. Cuando el primero termina el primer verso, el segundo lo comienza, cuando éste inicia el segundo verso, entra un tercero con el primer verso, etc.

53. En *Quirarte 1934*, p. 197, Nochistlán (Zacatecas).

54. En *Vázquez Santa Ana 1925*, t. 2, p. 206. —Parodia de oración, muy popular entre los niños.

55. En *Mendoza-Rodríguez*, p. 286. Informante: Petra Guzmán Barrón, 69 años, México (Distrito Federal), 1948. Procede de San Pedro Piedra Gorda (Zacatecas), 1885. — Ver nota al texto anterior.

56. *Ibid.*, p. 293. Informante: Hortensia Herrera Guzmán, 22 años, México (Distrito Federal), 1948. Procede de San Pedro Piedra Gorda (Zacatecas), 1938.

57. Tradición oral, *Col. escolar*.

58. Tradición oral, *Col. Reuter*, estado de Veracruz.

59. Tradición oral, *Col. Colegio*. Informante: Eloísa Llanos, Peñuela (Veracruz).

* Una niña en el centro de la rueda hace el papel de Marisola. La rueda gira mientras se canta. Al llegar al último verso, la niña del centro detiene rápidamente a la que ha de sustituirla.

60. Tradición oral, *Col. escolar*. — Canción documentada en el siglo XVI: *Las ollas de Churumbel*, y ya en el siglo XVII como *Las ollas de San Miguel*, canción de rueda en la que los muchachos vuelven la espalda hacia adentro (cf. **Torner**, *op. cit.*, p. 117).

* En este juego, los niños cantan en rueda y según les va nombrando el niño que está en el centro, se vuelven de espaldas, hasta que todos quedan igual.

61. Tradición oral, *Col. escolar*.

* Los niños giran en rueda, y al decir el último verso se sientan todos (o se agachan).

62. Tradición oral, *Col. Colegio*. Informante: Lourdes C. de Reuter, Orizaba (Veracruz).

* Se juega en rueda. Al decir "agáchense", las niñas se agachan y se levantan en seguida, para volverse a agachar y levantar al cantar el verso siguiente. Cuando dicen "estirar", hacen grande la rueda. A partir de la cuarta estrofa, todas encogen un pie; la que pierde el equilibrio paga prenda. También se juega con una niña al centro, que hace el papel de cojita; en el último verso, saca a otra niña de la rueda para que la reemplace.

63. En *Cancionero Picot*, p. 20.

* Se entabla un diálogo entre las niñas de la rueda y la niña del centro, quien tiene que cantar cojeando; al decir el último verso, tiene que hacer una reverencia ante una de las niñas del círculo, que pasa a su vez al centro, para reanudar el juego.

64. Tradición oral, *Col. escolar*.

* En este juego los niños deben saltar en un pie; el que pierde paga prenda.

65. Tradición oral. Informante: Adelina Guzmán, México (Distrito Federal), 1979. Lo aprendió de niña.

66. En *Quirarte 1959*, parte I, sección 3, Nochistlán (Zacatecas).

* Se hace una rueda y los niños cantan al mismo tiempo que van cambiando de postura, conforme lo ordenado por el canto.

67. En *Mendoza 1951*, p. 87.

* Se juega con una niña al centro, quien al decir el último verso señala a una de las niñas del círculo, que se tiene que volver de espalda. Se repite hasta que todas quedan igual.

68. Tradición oral, *Col. escolar.*

69. Tradición oral, *Col. escolar.*

* Los niños forman una rueda, con una niña al centro; un niño queda fuera del círculo. La rueda gira y todos cantan. Cuando acaba la canción, el niño que quedó fuera trata de separar los brazos unidos, para romper el círculo; mientras hace eso pregunta: "¿De qué es este pilar?" y le contestan: "de oro", "de plata", etc., hasta que logra romper el círculo y persigue a la niña del centro; cuando la alcanza, se eligen otros dos niños y se recomienza el juego.

70. Tradición oral, *Col. escolar.* —Canción ya documentada en el siglo XVII por la referencia que a ella hace Alonso de Ledesma: "Dónde pica la pájara pinta / dónde pica", así como la copla incluida por Luis de Briceño en su *Metodo mui facilissimo para aprender a tañer la guitarra a lo español,* París, 1626, fol. 28 (cf., respectivamente, **Rodríguez Marín**, *Cantos . . .*, p. 169, nota 191, y **Margit Frenk**, "El folklore poético . . .", p. 30).

* Juego de rueda, con una niña al centro. Las niñas giran y cantan la primera estrofa; se detienen y la niña del centro canta la segunda estrofa y ejecuta lo que el texto indica delante de una niña del círculo que ha escogido para que la sustituya.

71. Tradición oral, *Col. escolar.*

* Se sientan los niños y pasa una niña cantando; cuando dice los últimos versos señala a un niño y éste tiene que salir y bailar con ella.

72. Tradición oral, *Col. escolar.* —Romance de origen medieval, documentado en el siglo XVI y parafraseado a comienzos del XVII por un dramaturgo anónimo en el *Baile de Pedro de Brea* (cf. **Margit Frenk**, "El folklore poético . . .", p. 28). Es quizás el romance más conocido en México y una prueba del gran poder creativo del niño, ya que posee múltiples adiciones en su parte final, unas veces en verso y otras en prosa. Hay muchas versiones también en otros países americanos.

* Se juega de varias maneras: en rueda, con una niña en el centro que hace el papel de mensajero, o en fila, con una niña enfrente que avanza y retrocede cantando; lo mismo hace la fila cuando le toca hablar. Cuando se juega en rueda, la niña elegida pasa al centro reemplazando a la que estaba allí; cuando se juega en filas, la niña elegida pasa junto al mensajero y recomienza el juego con dos mensajeros en vez de uno, etc.

73. Tradición oral, *Col. Colegio.* Informante: Carmela León y Romana Blanco, Ingenio La Gloria y Salmoral (Veracruz), 1958. — Este juego se practica en Veracruz en los bailes o durante el novenario que sigue a la muerte de alguien.

* Muchachos y muchachas se colocan en dos hileras frente a frente. Al medio se sientan un muchacho y una muchacha; a él se le llama El Ramo y a ella La Ramita. Cada muchacha lleva un nombre como Gardenia, Rosa, Azucena . . . y los muchachos Residón, Clavel, Tulipán, etc. Se entabla el diálogo entre los del centro y La Ramita que pide a uno de los de la fila por su nombre; éste tiene que contestar inmediatamente, si no lo hace, paga prenda.

74. Tradición oral, *Col. escolar.* —Su origen es, seguramente, algún romance perdido, adaptado para el juego.

* Juego de rueda. La que hace de viudita se coloca en el medio y va accionando según lo indica la canción; la niña que elige pasa a ocupar su lugar, y el juego se reanuda.

75. En *Pichardo,* núm. 28.

* Se juega en rueda, con un niño al centro. Al terminar la canción le preguntan: "¿Qué ojos te gustan más?" y entonces dirá señalando al que desee: "los de usted" y el niño elegido lo reemplazará, comenzando nuevamente la canción.

76. Tradición oral, *Col. escolar.*

* Se forma una rueda y un niño, que es el conejo, queda fuera. Los niños cantan la primera estrofa y al finalizarla, el "conejo" entra al centro; al terminar la segunda estrofa, escoge al niño o niña que lo va a sustituir.

77. Tradición oral, *Col. escolar.* —Canción-juego de origen medieval, documentada en el siglo XVI con el nombre de *La jerigonza* (cf. Torner, *op. cit.,* pp. 339-341).

* Se forma una rueda con una niña al centro que baila durante la primera estrofa. En la segunda, al decir: "Que salga usted" elige a una niña del círculo, que entra y baila con ella. Al finalizar la canción, la primera niña se sale, la segunda baila sola la primera estrofa, etc. Suele cambiarse el nombre de la "comadre" por el nombre de la niña en turno.

78. Tradición oral, *Col. escolar.*

* Se juega a la cuerda y se va acelerando el ritmo de la canción para que se salte más aprisa.

79. Tradición oral, *Col. escolar.*

* Canción para jugar a la cuerda. Cuando se dice: "tiro mi pañuelo al suelo" se tira un objeto, que se recoge después del brinco siguiente.

80. Tradición oral, *Col. escolar.*

81. Tradición oral, *Col. escolar.*

* Desfila una hilera de niños por debajo de un puente formado por los brazos de otros dos niños, cantando la canción. Al llegar al "tras, tras" atraparán entre sus brazos a uno de los de la fila y le preguntarán con quién se va, por ejemplo: melón o sandía o cualquier otro nombre que hayan adoptado los que forman el puente. El niño atrapado se formará detrás del que haya elegido. Cuando termina, una fila compite con la otra a jalar, la que tiene más fuerza gana.

82. Tradición oral, *Col. Colegio.* Informante: Dora Corona, Monterrey (Nuevo León). — Es una parodia hecha por los niños.

83. En *Mendoza 1951,* p. 108. Procede de San Martín Texmelucan (Puebla).

* Tras de sortearse los pequeños para saber quién va a ser el Milano, el que resulte se retira a un lugar apartado y finge dormir. Los demás niños, puestos en hilera y cogidos por la cintura, van desfilando y cantando las dos primeras estrofas; al concluir la segunda, se detienen y entonan la tercera con el fin de dar lugar a que el último de la fila se acerque adonde está Milano y le toque la frente. La que dirige el juego, que funge de "madre", pregunta: "¿El Milano está muerto o está sano?"; la niña que fue a ver a Milano contesta sucesivamente: "está indispuesto", "tiene catarro", "tiene calentura", "está haciendo testamento", "está agonizando", "Milano está muerto". A cada respuesta, regresa la niña a su lugar y vuelven a entonar las dos primeras estrofas, en las circunstancias señaladas. Al decir "está muerto", todos se dispersan y aquel a quien Milano alcanza, pasa a ocupar su lugar.

84. En *Mendoza 1951,* p. 99. Procede de San Martín Texmelucan (Puebla), 1898. —Juego antiguo. El texto aparece muy completo en el *Baile de la Maya* de Miguel Sánchez, de finales del siglo XVI (cf. **Margit Frenk**, "El fol-

klore poético . . .", p. 27). También Alonso de Ledesma cita: "ora lirón, lirón / caídas son las puentes" (cf. **Rodríguez Marín**, *Cantos* . . .. p. 174, nota 207). En otros países "Al ánimo" se convierte en "A la limón".

* Véanse las instrucciones en la nota correspondiente al núm. 82.

85. Tradición oral, *Col. escolar.*

* Se ponen los niños agachados formando una rueda. Un niño está en medio, con los ojos cerrados, y otro da vueltas al círculo y da una piedra a uno de los niños. El del centro, que es el Florón, debe adivinar, al acabar la canción, a quién le dieron la piedra. Si adivina, gana y pasa otro al centro.

86. Tradición oral, *Col. escolar.*

* Se sientan los niños en el suelo formando una rueda y con las manos atrás. Otro niño da vueltas por fuera y deposita un pañuelo en las manos de algún niño, éste tiene que levantarse y correr detrás del que se lo dio. Cuando lo alcanza, toma su lugar.

87. En *Mendoza 1951,* p. 113. Informante: Rosario Ma. Gutiérrez, 46 años, Villahermosa (Tabasco), 1944. La aprendió de niña. – Canción-juego de origen francés. Ai parecer se remonta al siglo XV.

* Intervienen dos partidos que representan a los defensores de la torre y a los atacantes; en un lugar apartado está el rey del torreón sentado en su trono; hasta él llegan los jefes de los dos bandos a quejarse. Mientras tanto, los atacantes de la torre se van apoderando de los defensores, uno por uno.

88. *Ibid.* Informante: Virginia R. R. de Mendoza, 44 años, México (Distrito Federal), 1938. – Parece ser que esta canción es de origen francés y que el "amó ató" es la reproducción fonética de "j'ai un beau chateau"; muchas versiones españolas comienzan con "Yo tengo un castillo".

* Se forma un fila de niñas, y, enfrente, una niña sola que, a medida que dice los versos, avanza hacia la fila; al llegar frente a ésta, hace una reverencia y retrocede. A su vez, la fila hace lo mismo. La niña elegida después de dar su consentimiento, como lo indican los versos de la canción, pasa al lado de la niña sola. Así se va formando una segunda fila, que va aumentando hasta que la primera se queda sin nadie.

89. En *Islas García,* p. 67, 1932.

* Al cantar cada estrofa, los niños van imitando los movimientos característicos de cada oficio, que la que dirige el juego va cambiando. El que se equivoca, paga prenda.

90. En *Mendoza 1951*. p. 112. Procede de Puebla (Puebla). Recordado por el mismo Mendoza. –Dice **J. A. Carrizo** en su *Cancionero Popular de Tucumán* que esta rima infantil parece ser muy antigua; la menciona Torres Villarroel (*apud* **Torner**, *op. cit.*, p. 151).

* Cada niño elige un oficio; el director del juego va haciendo los movimientos correspondientes y el niño a quien corresponde ese oficio debe hacerlos también. Ei que pierde, paga prenda.

91. Tradición oral. *Col. Colegio*, Tamazunchale (San Luis Potosí).

* Los niños hacen una rueda y cantan la canción; cuando dicen "el que no se abrace" tienen que abrazar al compañero que tienen al lado, y el que se quede solo pierde (tiene que haber un número impar de jugadores).

92. Tradición oral, *Col. escolar.*

* Mismas instrucciones que el juego anterior.

93. Tradición oral, *Col. escolar.*

* Se colocan los niños en círculo y van obedeciendo las órdenes: levantan

un pie, luego el otro, una mano, la otra, etc., y así continúan hasta que mueven todo el cuerpo. Se juega cuando hace frío.

94. Tradición oral, *Col. escolar.*

* Se sientan los jugadores en rueda y se van pasando cualquier objeto al ritmo de la canción, pero al decir "**triqui, triqui**", en vez de pasarlo, se conserva en la mano, marcando el ritmo. La canción se va cantando cada vez más rápido y el que se equivoca, paga prenda.

95. Tradición oral, *Col. escolar.*

* Se usa en son de burla, cuando en un juego se reta a alguien.

96. En *Vázquez Santa Ana 1925*, t. 2, p. 212.– La primera estrofa pertenece al juego de *Juan Perulero;* cf. texto núm. 90.

* Se juega con los dedos de las manos, diciendo un verso en cada dedo, comenzando por el meñique y acabando por el gordo.

97. En *Scheffler*, p. 74, estado de Tlaxcala.

* Un grupo de chicos va a "la carne" y otro al "huesito"; arrojan la taba (hueso de borrego o chivo), la parte hueca es "la carne" y el lado opuesto "el hueso"; al arrojarla cantan. El grupo que gana (según cae el hueso) paga apuesta al otro.

98. Tradición oral, *Col. escolar.* –Los dos primeros versos aparecen, con variantes, en muchos textos de los siglos XVII y XVIII, como letra para melodía de baile (cf. **Torner,** *op. cit.,* pp. 26-29). Esta canción y las dieciséis que siguen se utilizan como fórmulas de sorteo.

99. Tradición oral, *Col. escolar.*

100. Tradición oral, *Col. escolar.*

101. En *Scheffler,* p. 61, estado de Tlaxcala.

102. Tradición oral, *Col. escolar.*

103. Tradición oral, *Col. escolar.*

104. Tradición oral, *Col. escolar.*

105. Tradición oral, *Col. escolar.*

106. Tradición oral. *Col. Colegio.* Informante: Josefina Llera de González, México (Distrito Federal).

107. Tradición oral, *Col. escolar.*

108. En *Cancionero Picot,* p. 18.

109. Tradición oral, *Col. escolar.*

110. Tradición oral, *Col. escolar.*

111. Tradición oral. Informante: Adelina Guzmán, México (Distrito Federal), 1979. Lo aprendió de niña. – Fórmula antigua que aparece en un pliego suelto del siglo XVI (cf. **Margit Frenk,** "El folklore poético . . .", p. 26).

112. Tradición oral, *Col. escolar.*

113. En *Mendoza 1951,* p. 81. Informante: Carmen Galván de Del Río, México (Distrito Federal), 1940. Procede de Coatepec (Veracruz), 1925.

114. Tradición oral, *Col. escolar.*

115. Tradición oral, *Col. escolar.*

116. Tradición oral, *Col. escolar.*

117. Tradición oral, *Col. escolar.*

118. En *Campos 1929,* p. 198.

119. Tradición oral, *Col. escolar.*

120. Tradición oral, *Col. escolar.*

121. Tradición oral, *Col. escolar.*

122. Tradición oral, *Col. escolar.*

123. En *Mendoza-Rodríguez,* p. 490. Informante: Petra Guzmán Barrón,

69 años, México (Distrito Federal), 1948. Procede de San Pedro Piedra Gorda (Zacatecas), 1885.

124. Tradición oral, *Col. escolar.*

125. Tradición oral, *Col. escolar.*

126. Tradición oral, *Col. escolar.*

127. En *Campos 1929*, p. 199.

128. Tradición oral, *Col. escolar.*

129. Tradición oral, *Col. escolar.*

130. Tradición oral, *Col. escolar.*

131. En *Gatschet*, p. 51, estado de Tamaulipas.

132. Tradición oral, *Col. escolar.*

133. En *Mendoza-Rodríguez*, p. 490. Informante: Petra Guzmán Barrón, 69 años, México (Distrito Federal), 1948. Procede de San Pedro Piedra Gorda (Zacatecas), 1885.

134. Tradición oral, *Col. escolar.*

135. Tradición oral, *Col. escolar.*

136. Tradición oral, *Col. escolar.*

137. Tradición oral, *Col. escolar.*

138. Tradición oral, *Col. escolar.*

139. Tradición oral, *Col. escolar.*

140. Tradición oral, *Col. escolar.*

141. Tradición oral, *Col. escolar.*

142. Tradición oral, *Col. escolar.*

143. Tradición oral, *Col. escolar.*

144. Tradición oral, *Col. escolar.*

145. Tradición oral, *Col. escolar.*

146. Tradición oral, *Col. escolar.*

147. Tradición oral, *Col. escolar.*

148. Tradición oral, *Col. escolar.*

149. Tradición oral, *Col. escolar.*

150. Tradición oral, *Col. escolar.*

151. Tradición oral, *Col. escolar.*

152. Tradición oral, *Col. escolar.*

153. Tradición oral, *Col. escolar.*

154. Tradición oral, *Col. escolar.*

155. Tradición oral, *Col. escolar.*

156. En *Campos 1929*, p. 200.

157. Tradición oral, *Col. escolar.*

158. Tradición oral, *Col. escolar.*

159. En *Campos 1929*, p. 198.

160. Tradición oral, *Col. escolar.*

161. Tradición oral, *Col. escolar.*

162. Tradición oral, *Col. escolar.*

163. Tradición oral, *Col. escolar.*

164. Tradición oral, *Col. escolar.*

165. Tradición oral, *Col. escolar.*

166. Tradición oral, *Col. escolar.*

167. Tradición oral, *Col. Sonora.* Informante: Guadalupe Valenzuela G., Hermosillo (Sonora), 1966.

168. Tradición oral, *Col. escolar.*

169. Tradición oral, *Col. Colegio.* Informante: Osvelia Castillo Martínez, Huasteca veracruzana, 1963.

170. Tradición oral, *Col. escolar.*

171. En *Mendoza 1951,* p. 25. Informante: Ma. de la Luz M. de T. Moreno, 35 años, México (Distrito Federal), 1941. Procede de Lagos de Moreno (Jalisco), 1915.

172. *Ibid.* Informante: Ma. de la Luz M. de T. Moreno, 35 años, México (Distrito Federal), 1941. Procede de Lagos de Moreno (Jalisco), 1915.

173. En *Wagner,* p. 116, Córdoba (Veracruz), 1914.

174. Tradición oral, *Col. Sonora.* Informante: Guadalupe Valenzuela G., Hermosillo (Sonora), 1966.

175. Tradición oral, *Col. escolar.*

176. Tradición oral, *Col. escolar.*

177. Tradición oral, *Col. escolar.*

178. En *Mendoza 1951,* p. 21. Procede de Puebla (Puebla). Recordado por Mendoza.

179. Tradición oral, *Col. escolar.*

180. Tradición oral, *Col. escolar.*

181. En *Wagner,* p. 116, Córdoba (Veracruz), 1914.

182. Tradición oral, *Col. escolar.*

183. Tradición oral, *Col. escolar.*

184. En *Cancionero Bajío,* núm. 98, p. 9.

185. Tradición oral, *Col. escolar.*

186. En *Toor 1927,* p. 102.

187. En *Quirarte 1959,* parte I, sección 3, Nochistlán (Zacatecas).

188. Tradición oral, *Col. INBA,* Oaxaca, 1930.

189. Tradición oral, *Col. escolar.* Procede del estado de Guerrero.

190. Tradición oral, *Col. escolar.*

191. Tradición oral. Informante: Rosa Ma. de la Peña, Monterrey (Nuevo León), 1979. Lo aprendió de niña. —**Torner** (*op. cit.,* pp. 154-156) consigna las muchas menciones del coco para asustar a los niños en autores de los siglos XV a XVII.

192. Tradición oral, *Col. escolar.*

193. Tradición oral, *Col. INBA,* Oaxaca, 1930.

194. Tradición oral, *Col. escolar.*

195. En *Vázquez Santa Ana 1931,* p. 65.

196. Tradición oral, *Col. escolar.*

197. Tradición oral, *Col. INBA,* Oaxaca, 1930.

198. En *Mendoza 1951,* p. 25. Informante: Ma. de la Luz M. del Campo de T. Moreno, 35 años, México (Distrito Federal), 1941. Procede de Lagos de Moreno (Jalisco), 1915.

199. En *Pinedo-Pérez,* pp. 507-508. Procede de Valparaíso (Zacatecas).

200. En *Gatschet,* p. 50, estado de Tamaulipas.

201. En *Quirarte 1959,* parte I, sección 3, Nochistlán (Zacatecas).

202. Tradición oral, *Col. escolar.*

203. Tradición oral, *Col. escolar.*

204. En *Vázquez Santana 1925,* p. 201.

205. *Pinedo-Pérez,* p. 508. Procede de Valparaíso (Zacatecas).

206. Tradición oral, *Col. INBA,* Pótam, Río Yaqui (Sonora), 1930.

207. Tradición oral, *Col. escolar.*

208. En *Toor 1927,* p. 103.

209. Tradición oral, *Col. escolar.*

210. Tradición oral, *Col. escolar.*

* Se coloca al niño sobre la rodilla y a la vez que se canta, se mueve la pierna de arriba a abajo.

211. Tradición oral. Informante: María Teresa Miaja, Monterrey (Nuevo León), 1951.

* Mismas instrucciones que el anterior.

212. Tradición oral, *Col. Colegio.* Informante: Jesusita de Báez, Fresnillo (Zacatecas), 1965.

213. Tradición oral, *Col. escolar.*

* Se coloca al niño a caballo sobre las piernas y, tomándolo de los brazos, se balancea de atrás a delante, cantando.

214. Tradición oral, *Col. escolar.*

215. Tradición oral, *Col. escolar.*

216. Tradición oral, *Col. escolar.*

217. En *Mendoza 1951,* p. 39. Informante: Ana Ma. B. de Ortiz Monasterio, 38 años, Veracruz (Veracruz).

218. Tradición oral, *Col. escolar.*

* En este juego y en el siguiente se bate palmas mientras se canta.

219. Tradición oral, *Col. escolar.*

* Ver nota al núm. 218.

220. Tradición oral, *Col. escolar.*

* Para contar con los dedos.

221. Tradición oral, *Col. escolar.*

222. Tradición oral, *Col. escolar.* — Fórmula antigua que, variada, recoge Gonzalo Correas en el siglo XVI (*Vocabulario . . .,* p. 271) Cf. **Margit Frenk,** "El folklore poético . . .", p. 28.

223. En *Quirarte 1959,* parte I, sección 3, Nochistlán (Zacatecas).

224. En *Islas García,* p. 80.

225. Tradición oral, *Col. escolar.*

* Los niños van cantando al tiempo que ejecutan lo que la canción dice.

226. En *Cancionero folklórico,* III, núm. 8189. Procede de San Pedro Piedra Gorda (Zacatecas 1890). — Ésta y las dos coplas siguientes se cantan en ocasión del día de muertos (2 de noviembre).

227. *Ibid.,* III, núm. 8227. Procede de México (Distrito Federal), 1965.

228. *Ibid.,* III, núm. 8093. Procede de Nochistlán (Zacatecas). — La "calavera" es un dulce de azúcar que figura una calavera. Lleva adornos de colores y, a veces, un nombre escrito. Los niños las compran y prefieren las que llevan su propio nombre.

229. *Ibid.,* III, núm. 8290. Procede de San Luis Potosí (San Luis Potosí). — Ésta y las nueve cuartetas siguientes son "cantos de posada". Las posadas son una serie de fiestas que se hacen los nueve días anteriores a la Navidad. En estas fiestas se cuelga una olla de barro, llamada piñata, llena de fruta y otras golosinas y adornada con papel de colores, que dos personas suben y bajan según se requiera. Cada niño, uno por uno, con un palo, trata de romper la piñata con los ojos vendados, mientras los demás cantan. Cuando logra romperla, todos los chiquillos se abalanzan para coger las golosinas.

230. *Ibid.,* III. núm. 8291. Procede de México (Distrito Federal).

231. *Ibid.,* III, núm. 8293c. Procede de México (Distrito Federal).

232. *Ibid.,* III, núm. 8296. Procede de Veracruz (Veracruz).

233. *Ibid.,* III, núm. 8380 y 8381. Procede de México (Distrito Federal), 1964.

234. *Ibid.,* III, núm. 8312. Procede de Veracruz (Veracruz).

235. *Ibid.,* III, núm. 8314. Procede de Veracruz (Veracruz).

236. *Ibid.,* III, núm. 8272.

237. *Ibid.,* III, núm. 8271. Procede de Alvarado (Veracruz).

238. *Ibid.,* III, núm. 8306.

239. En *Cancionero folklórico,* IV, núm. 8804. Procede de Veracruz (Veracruz), 1965.

240. *Ibid.,* IV, núm. 8894. Procede de Tlacotalpan (Veracruz).

241. *Ibid.,* IV, núm. 8765. Procede de Tlacotalpan (Veracruz), 1964.

242. *Ibid.,* IV, núm. 8655. Procede de Tlacotalpan (Veracruz), 1966.

243. *Ibid.,* IV, núm. 8663.

244. *Ibid.,* IV, núm. 8805.

245. *Ibid.,* IV, núm. 8677. Procede de Tlacotalpan (Veracruz).

246. *Ibid.,* IV, núm. 8707. Procede de Chilpancingo (Guerrero), 1966.— Con leves variantes, esta copla se cantaba ya en el siglo XVII (cf. *Cancionero folklórico,* IV, nota a esta misma copla). Por otra parte, el verso "ésta sí, que las otras no" se encuentra varias veces en autores como Tirso de Molina, Lope de Vega y Quevedo (cf. **Torner,** *op. cit.,* pp. 194-195).

247. *Ibid.,* IV, núm. 8650a. Procede de Santiago Tuxtla (Veracruz).

248. *Ibid.,* IV, núm. 8827.

249. *Ibid.,* IV, núm. 8843. Procede de México (Distrito Federal).

250. *Ibid.,* IV, núm. 8854.

251. *Ibid.,* IV, núm. 8694. Procede de Veracruz (Veracruz), 1965.

252. *Ibid.,* IV, núm. 8695. Procede de Acayucan (Veracruz), 1968.

253. *Ibid.,* IV, núm. 8703.

254. *Ibid.,* IV, núm. 8886. Procede de México (Distrito Federal), 1965.

255. En *Cancionero Bajío,* núm. 98, p. 9.

256. En *Campos 1929,* p. 342.

257. *Ibid.,* p. 342.

258. En *Cancionero Bajío,* núm. 98, p. 9.

259. Tradición oral, *Col. Colegio.* Informante: Osvelia Castillo Martínez, Huasteca veracruzana, 1963.

260. En *Campos 1929,* p. 342.

261. En *Castelló Iturbide,* p. 43.

262. Tradición oral, *Col. escolar.*

263. En *Cancionero folklórico,* IV, núm. 8895.

264. *Ibid.,* IV, núm. 8898. Procede de Acayucan (Veracruz), 1968.

265. *Ibid.,* IV, núm. 8897. Procede de Veracruz (Veracruz), 1965.

266. *Ibid.,* IV, núm. 9017.

267. *Ibid.,* IV, núm. 8990. Procede de Tuxtepec (Oaxaca), 1963.

268. *Ibid.,* IV, núm. 8283. Procede de México (Distrito Federal), 1965.

269. *Ibid.,* IV, núm. 8282. Procede de México (Distrito Federal), 1965.

270. Tradición oral. Informante: María Teresa Miaja, Monterrey (Nuevo León), 1979. La aprendió de niña. —Uno de los romances religiosos más difundidos en el mundo hispánico.

GLOSARIO[5]

Aguacate   (Del náhuatl *ahuacatl*). Fruto del árbol de la familia de las lauráceas. Tiene forma parecida a la de la pera, de mesocarpo verde y pulpa aceitosa, suave, alimenticia y dulce (123, 124).[6]

Atole   (Del náhuatl *atolli*). Bebida espesa que se prepara con maíz cocido, molido, desleído en agua y colado (195).

Bolillo   Pan blanco de mesa, muy común (104).

Cachar   (Del inglés *to catch*). Asir, recibir, agarrar, atrapar (6).

Calavera   Dulce de azúcar en forma de calavera (228).

Camotal   Lugar plantado de camotes (31).

Camote   (Del náhuatl *camotli*). Especie de batata que se prepara en dulce (31).

Cenzontle   (Del náhuatl *centzontlatolli*; de *cenzontli*: cuatrocientos y *tla-tolli*: voz). Ave canora de México, pajarillo de la familia de los mímidos cuyo nombre se debe a la variedad infinita de sus voces y a que posee un instinto de imitación particular para reproducir el canto de las otras aves, e incluso la voz humana y la de otros animales. Es del tamaño del tordo común, de cuerpo alargado y cola mediana (13).

Colerín   Especie de cólera, pero menos grave, que da profusamente en la época de calor (267).

Condoche   Tortita de harina de maíz amasada con sebo y sal (13).

Cortón   "Dar un cortón": rechazar a alguien (215).

[5] La mayor parte de las definiciones están tomadas de: Francisco J. Santamaría, *Diccionario de mexicanismos*, Porrúa, México, 1959.

[6] El número entre paréntesis al final de cada definición remite al texto donde aparece la palabra glosada.

Coyote   (Del náhuatl *coyotl*). Especie mexicana de carnívoro, del tamaño de un perro grande con piel de color gris amarrillento, astuto y de fino instinto como la zorra (13, 20, 24, 192).

Cuitlacoche   Cuicacoche (del náhuatl *cuicatl,* canto y *cochi,* dormir: que canta para dormir). Ave canora de la familia de los túrdidos con las plumas del pecho y vientre amarillas y las demás grises o negras (13).

Chabacano   Albaricoque (81).

Chango   Mono pequeño (57).

Chayote   (Del náhuatl *chayotli*). Fruta de la familia de las cucurbitáceas, de aproximadamente 20 cms., y algunas veces con piel espinosa (121).

Chile   (Del náhuatl *chilli*). Ají o pimiento picante de las Indias (126).

Chirimoya   (Del quechua *chiri,* frío y *muyu,* simiente, cosa redonda, o de *mota,* fruta). Baya verde y rugosa de pulpa blanca y pepitas negras, y de sabor dulce (120).

Chuparrosa   Chupamirto, colibrí (13).

Dientes, pelar los   Sonreír por coquetería y adulación. También hacer mueca descubriendo los dientes; en este último sentido se usa en el texto (266).

Elote   (Del náhuatl *elotl*). Mazorca tierna de maíz (55).

Epazote   (Del náhuatl *epazotl*). Yerba aromática comestible y medicinal; muy usada en la cocina mexicana (130).

Gachupín   (Quizás de *cactli,* zapato y *tzopini,* cosa que espina o punza, es decir: hombre con espuelas; también puede provenir del portugués *cachopo,* niño). Aplícase al español recién llegado y, por extensión, a todo español que vive en México (72).

Gorda   Tortita de maíz, mucho más gruesa que la común, y que tarda más tiempo en endurecerse; se suele rellenar con frijoles y queso (238)

Guaje, quedarse de   No está documentada esta expresión, pero, ya que *guaje* significa, además de calabaza, bobo, tonto, seguramente se quiere decir que queda como un tonto (91).

Guajolote   (Del náhuatl *uexolotl,* gallo). Pavo (192).

Jicotillo   Diminutivo de *jicote* (del náhuatl *xicotl,* abeja); en este texto particular (núm. 69) es una confusión con *pajecillo.*

Jitomate   (Del náhuatl *xitli,* ombligo y *tomatl,* tomate verde). Nombre que se le da al tomate rojo (125).

Llave   También se le da ese nombre al grifo (8).

Matatena   (Del náhuatl *maitl,* mano y *tetl,* piedra). Piedrecilla que se usa para un juego semejante al de la taba (81).

Mecate   (Del náhuatl *mecatl,* tira larga y angosta hecha de corteza vegetal). Cordel (3).

Medio   Antigua moneda, mitad de un real fuerte y equivalente a 31 céntimos de peseta (48).

Mitote Bulla, alboroto. Procede del náhuatl *mitotl*, especie de baile o danza prehispánica (13).

Nahual (Del náhuatl *nahualli*, bruja). Hechicero que cambia de forma por encantamiento (193).

Nixtamal (Del náhuatl *nextli*, ceniza y *tamalli*, tamal). Maíz con el que se hacen las tortillas, cocido en agua de cal o ceniza para que suelte el hollejo (55).

Nopal (Del náhuatl *nopalli*). Nombre genérico de las cactáceas que producen fruto (12).

Oquis, de De oque, de balde (13).

Pambazo Pan bazo; no se trata de pan de salvado, sino de un pan hecho con harina inferior y que consume la gente pobre; se suele rellenar con chorizo, patatas o frijoles (104).

Pilón, de Lo que da de adehala el vendedor al comprador, y, por extensión, todo lo que se da por añadidura (48).

Pirul El árbol del Perú o pimienta de América (112).

Taco Bocadillo que consiste en una tortita de harina de maíz (tortilla) enrollada y rellena de diversas cosas (carne, pollo, frijoles, etc.) (30).

Tamal (Del náhuatl *tamalli*). Masa de maíz con manteca, con pedazos o hebras de carne, pollo, etc. guisados con picante, y envuelta en hojas de maíz o de plátano. También se hacen dulces con pasas, nueces, coco, etc. (203, 223).

Tata Padre, papá (205).

Tecolote (Del náhuatl *tecolotl*). Nombre aplicado al búho y a la lechuza (13).

Telera Pan blanco de mesa; la telera y el bolillo (ver *supra*) son las piezas de pan más usuales (104).

Tortilla Tortita delgada de harina de maíz que se utiliza para varios platillos mexicanos (266).

Tuna Fruto del nopal, higo chumbo (16, 45, 200).

Volantín Artefacto que consiste en un poste con unas cuerdas o cadenas colgantes de las cuales se agarran los niños y, dándose impulso con los pies, suben y bajan mientras van girando (199).

Zacatito Diminutivo de zacate, nombre genérico que se le da a las plantas gramíneas que cubren los campos; también pasto, forraje (97).

Zopilote (Del náhuatl *zopilotl*). Aura (2).

BIBLIOGRAFÍA

ESPAÑA Y PORTUGAL

Siglos XVI y XVII

Caro, Rodrigo. *Días geniales o lúdicros (1625),* Sevilla, 1884.
Correas, Gonzalo, *Vocabulario de refranes y frases proverbiales (1627),* ed.
    L. Combet, Bordeaux, 1967.
Ledesma, Alonso de, *Juegos de Nochebuena moralizados a la vida de Christo*
    (1605). Reeditado en la Biblioteca de Autores Españoles, t. 35, pp. 151-181.
Rodríguez Marín, Francisco, "Varios juegos infantiles del siglo XVI", *Boletín*
    de la Real Academia Española, 18 (1931), pp. 489-521; *ibid.,* 19 (1932),
    pp. 5-33.

Siglos XIX y XX

Celaya, Gabriel, *La voz de los niños,* Laia, Barcelona, 1972.
Córdova y Oña, Sixto, *Cancionero infantil español,* Santander, 1948.
Demófilo [Antonio Machado y Álvarez], *Colección de enigmas y adivinanzas*
    en forma de diccionario, Sevilla, 1880.
Fernán Caballero, *Cuentos, oraciones, adivinanzas y refranes populares e*
    infantiles, Madrid, 1877.
Fitzgibon, J. P., *Cancionero infantil español,* Madrid, 1955.
García Matos, Manuel, *Cancionero popular de la provincia de Madrid,* t. 1,
    C.S.I.C., Barcelona-Madrid, 1951. 3 vols.
Gil García, Bonifacio, *Cancionero infantil. Antología,* Taurus, Madrid, 1964.
————, *Cancionero popular de Extremadura,* t. 2, Badajoz, 1956.
Leite de Vasconcellos, J., *Tradições populares de Portugal,* Porto, 1882.
Maspons y Labós, Francisco, *Jochs de la infancia,* Barcelona, 1874.
Massot Muntaner, José, "Sobre la poesía tradicional catalana", *Revista de*
    Dialectología y Tradiciones Populares, 18 (1972), pp. 416-469.

139

Pires de Lima, Hernando, *Histórias que o povo canta. Antologia do folclore infantil,* Verbo, Lisboa, 1960.

Rodríguez Marín, Francisco, *Cantos populares españoles,* t. l, 2ª edición, Madrid, 1951.

MÉXICO

Alatorre, Antonio. "Folklore infantil", *Artes de México,* 162 (1973), pp. 35-46.

Andrade Labastida, Germán, "Acolman y el origen de las Posadas", *Anuario de la Sociedad Folklórica de México,* 3 (1943), pp. 37-42.

Báez, Carmen, "Rondas y juegos populares", *El Nacional* (suplementos de.), 2ª Época, núm. 294, Sección "Página infantil", 20 de diciembre de 1936, p. 6.

Baltasar, Dromundo, "El espíritu de las canciones y juegos infantiles en México", *El Nacional,* 12 de febrero de 1936, 2ª Sección, pp. 1 y 4.

Cajigas Langner, Alberto, *El folklore musical del Istmo de Tehuantepec,* México, 1961.

Campos 1929: **Campos, M. Rubén,** *El folklore literario de México,* Talleres Gráficos de la Nación, México, 1929.

Campos, M. Rubén, *El folklore literario y musical de México,* Secretaría de Educación Pública, México, 1946.

Cancionero Bajío: Cancionero del Bajío, Ediciones Lemus, México, de 1956 a 1967.

Cancionero folklórico: Cancionero folklórico de México, El Colegio de México, México. T. 1, 1975; t. 2, 1977; t. 3, 1979; t. 4 de próxima publicación.

Cancionero Picot: Cancionero Picot, ed. de lujo, Editorial E. Cabal, México, s.f.

Castelló Iturbide: **Castelló Iturbide, María Teresa,** *Fiesta,* Secretaría de Hacienda y Crédito Público, México, 1958.

Col. Colegio: Colección Colegio. Material recogido por investigadores del Seminario de Lírica Popular Mexicana del CELL.

Col. escolar: Colección escolar. Versiones recogidas entre alumnos de Secundaria por las investigadoras María del Carmen Garza Ramos y Luz Elena Díaz de León, de El Colegio de México. Archivos del Seminario de Lírica del CELL.

Col. INBA: Colección del Instituto Nacional de Bellas Artes.

Col. Reuter: Colección Reuter. Materiales, sobre todo sones jarochos, reunidos por Jas Reuter, recogidos *ca.* 1964-1966.

Col. Sonora: Colección Sonora. Colección reunida por los alumnos de Teresa Piñeros de Vázquez. Escuela de Altos Estudios, Universidad de Sonora [1966].

Frenk Alatorre, Margit: "El folklore poético de los niños mexicanos" *Artes de México,* 162 (1973), pp. 5-30.

Gatschet: **Gatschet, Albert S.,** "Popular rimes from Mexico", *Journal of American Folklore,* 2 (1889), pp. 48-53. [Tamaulipas].

Islas García: **Islas García, Luis,** "Juegos de niños", *Mexican Folkways,* 7 (1929), núm. 2, p. 82.

Martel Díaz C., Patricia, *Apuntes sobre la muerte en la poesía infantil de México.* Tesis de Licenciatura de la Facultad de Filosofía y Letras de la U.N.A.M., México, 1970.

Mendoza Vicente, T., "Derivaciones de la canción de Mambrú en México", *Anuario de la Sociedad Folklórica de México,* 1 (1942), pp. 91-101.

Mendoza Vicente, T., "Origen de tres juegos mexicanos", *Anuario de la Sociedad Folklórica de México,* 2 (1942), pp. 77-89.

Mendoza 1939: **Mendoza, Vicente T.,** *El romance español y el corrido mexicano,* U.N.A.M., México, 1939.

Mendoza 1951: **Mendoza, Vicente T.,** *Lírica infantil de México,* El Colegio de México, México, 1951.

Mendoza, Vicente T., "Un canto acumulativo judío familiar a los niños de México", *Tribuna Israelita,* México, 1953, núm. 100, pp. 21-22.

Mendoza 1956: **Mendoza, Vicente T.,** *Panorama de la música tradicional de México,* Imprenta Universitaria, México, 1956.

Mendoza-Rodríguez: **Mendoza, Vicente T.** y **Virginia Rodrígez de Mendoza,** *Folklore de San Pedro Piedra Gorda* [Zacatecas], Secretaría de Educación Pública-INBA, México, 1952.

Mexican Folkways, México, 8 vols. y 3 números especiales 1925-1937.

Moncada García, Francisco, "Recolección folklórica. Música folklórica mexicana", *Anuario de la Sociedad Folklórica de México,* 7 (1951), pp. 73-86.

Orozco, Gilberto, *Tradiciones y leyendas del Istmo de Tehuantepec,* Revista Musical Mexicana, México, 1946.

Pichardo: **Pichardo, F.,** *Colección de cantos populares, recopilados por . . .,* México-Leipzig, s.f.

Pinedo-Pérez: **Pinedo, Manuel D.,** y **Rebeca Pérez Vda. de Nava,** "Recolección folklórica en Valparaíso, Zacatecas", *Anuario de la Sociedad Folklórica de México* 6 (1950), pp. 503-538.

Quirarte 1934: **Quirarte, Clotilde Evelia,** "El lenguaje usado en Nochistlán", *Investigaciones Lingüísticas,* 1933-34, núms. 3/4, 164-200.

Quirarte 1959: **Quirarte, Clotilde Evelia,** "El lenguaje de Nochistlán", 1959, (inédito).

Ramos Espinosa, Alfredo, "Piñatas", *Anuario de la Sociedad Folklórica de México,* 3 (1943), pp. 33-36.

Sala González, Socorro, "Canto de Posadas y Navidad en Santa Rosa, Veracruz", *Anuario de la Sociedad Folklórica de México,* 9 (1955), pp. 25-79.

Saldívar, Gabriel. *Historia de la música en México,* [México], 1934 [3ª parte, cantos de niños, pp. 205-219].

Sánchez García, Julio, "Fiestas de Navidad en Querétaro, 1943-1944", *Anuario de la Sociedad Folklórica de México,* 5 (1945), pp. 299-329.

Scheffler: **Scheffler, Lilian,** *Juegos tradicionales del estado de Tlaxcala,* Secretaría de Educación Pública, México, 1976.

Serrano M., Celedonio, "Romances tradicionales en Guerrero", *Anuario de la Sociedad Folklórica de México,* 7 (1951), pp. 7-72.

Toor 1927: **Toor, Frances,** "Nuestro número de canciones", *Mexican Folkways,* 3 (1927), núm. 2, pp. 85-108.

Toor, Frances, *A treasury of Mexican folkways,* México, 1947.

Vázquez, Genaro, "Canciones de cuna y juegos de niños", *Nuestra Ciudad,* México, julio de 1940, núm. 4, pp. 16 y 71.

Vázquez Santana 1925: **Vázquez Santa Ana, Higinio,** *Canciones, cantares y corridos mexicanos,* t. 2, México, 1925.

Vázquez Santana 1931: **Vázquez Santa Ana, Higinio,** *Canciones, cantares y corridos mexicanos,* t. 3, México, 1931.

Wagner: **Wagner, Max L.,** "Algunas apuntaciones sobre el folklore mexicano", *Journal of American Folkore,* 40 (1927), pp. 105-145. [Sobre todo en Veracruz: Córdoba y Costa de Sotavento, ca. 1914].

Whitt, Brondo E., "Hilitos de oro", *Anuario de la Sociedad Folklórica de México,* 2 (1942), pp. 113-116.

Yáñez, Agustín, *Flor de juegos antiguos,* Universidad de Guadalajara, Guadalajara, 1941.

IBEROAMÉRICA Y ESTADOS UNIDOS

Aguilera, Ana Margarita, *El cancionero infantil de Hispanoamérica,* Biblioteca Nacional "José Martí", La Habana, 1960.

Almeida, Aluísio de, "Poesías infantis do Sul de São Paulo" *Revista de Arquivo Municipal,* São Paulo, 144 (1952), pp. 7-16.

Almoina de Carrera, Pilar, *Diez romances hispanos en la tradición oral venezolana,* Universidad Central de Venezuela, Caracas [1975].

Alzola, Concepción Teresa, *Folklore del niño cubano,* Universidad Central de las Villas, Santa Clara (Cuba), 1961.

Andrade Coloma, Abdón, "Folklore de Valdivia (Canciones, romances, adivinanzas, juegos, leyendas y locuciones)", *Archivos del Folklore Chileno,* s. f., núm. 1, pp. 7-117.

Aramburu, Julio, *El folklore de los niños, juegos, coros, rondas, canciones, romances, cuentos y leyendas,* El Ateneo, Buenos Aires, 1940.

Baratta, Maria, *Cuzcatlán típico; ensayo sobre etnofonía de El Salvador; folklore, folkwisa y folkway,* Ministerio de Cultura, San Salvador [1951].

Bayo, Ciro, *Romancerillo del Plata.* V. Suárez, Madrid, 1913.

Berdiales, Germán, *El alegre folklore de los niños,* Hachette, Buenos Aires, 1958.

Beutler, Gisela, *Estudios sobre el romancero español en Colombia.* Bogotá, 1977. *(Pubs. del Instituto Caro y Cuervo,* 44).

Cadilla de Martínez, María, *Juegos y canciones infantiles de Puerto Rico.* San Juan, 1940.

———, *La poesía popular en Puerto Rico.* Madrid, 1933.

Campa, Arthur Leon, *Spanish folk-poetry in New Mexico,* University of New Mexico Press, Albuquerque, 1946.

Cardona, Miguel, *Algunos juegos de los niños de Venezuela,* Ministerio de Educación, Dirección Cultura y Bellas Artes. Caracas, 1956.

Carrizo, J. A., *Cancionero popular de Salta,* Buenos Aires, 1933.

———, *Cancionero popular de Jujuy,* Tucumán, 1935.

———, *Cancionero popular de Tucumán,* Buenos Aires, 1937.

———, *Cancionero popular de Catamarca,* Buenos Aires, 1926.

———, *Cancionero popular de La Rioja,* Buenos Aires, 1942.

Castelo Branco, Adigena, "Jogos de prendas". *Correio Paulistano,* São Paulo, 16 de julio, 1956.

Córdoba de Fernández, Sofía, *El folklore del niño cubano,* Archivos del Folklore Cubano. t. 3. núm. 1. s.f.

Chacón y Calvo, José María, *Literatura cubana. Ensayos críticos,* Calleja, Madrid, 1922, pp. 85-186.

Deliz, Montserrate, *Renadío del cantar folklórico de Puerto Rico,* Hispania. Madrid, 1951.

Draghi Lucero, Juan, *Cancionero popular cuyano,* Mendoza, 1938.

Espinosa Aurelio M., "Folklore infantil de Nuevo Méjico", *Revista de Dialectología y Tradiciones Populares,* 10 (1954), pp. 499-547.

———, "Los romances tradicionales en California" en *Homenaje ofrecido a Menéndez Pidal,* t. 1, Hernando, Madrid, 1925.

———, *Romancero de Nuevo Méjico,* C.S.I.C., Madrid, 1953.

————, "Romances de Puerto Rico", *Revue Hispanique*, 43 (1918), pp. 309-364.

Espinosa, Francisco, *Cantos de cuna,* San Salvador, 1932.

Figueroa Lorza, Jennie, "Algunos juegos infantiles del Chocó", *Boletín del Instituto Caro y Cuervo,* 21 (1966), pp. 274-300.

Gamboa, Emma, *Canciones populares para niños,* Lehemann, San José, Costa Rica, 1941.

Garrido, Edna, "El folklore del niño dominicano", *Boletín del Folklore Dominicano,* Cudad Trujillo, diciembre de 1974.

Gil, Bonifacio, "Folklore infantil hispanoamericano", *Cuadernos Hispanoamericanos,* 53 (1963), pp. 83-92.

Gutiérrez, Benigno A., *Arrume folklórico de todo el maíz,* 2ª ed., Medellín, 1948.

Henríquez Ureña, Pedro, "Romances en América", *Cuba Contemporánea,* 1913, núm. 4, p. 350 ss.

Jijena Sánchez, Rafael, *Hilo de oro, hilo de plata,* Buenos Aires, 1940.

Laffaroni Bécker, Lahara, *Poesía folklórica infantil del Uruguay,* Centro de Estudios Folklóricos del Uruguay, 1956.

Luce, Allena, *Canciones populares de Puerto Rico,* Nueva York, 1921.

Lullo di, Oreste, *Cancionero popular de Santiago del Estero,* Buenos Aires 1940.

Mason, J. Alden, *Folklore puertorriqueño. I. Adivinanzas,* Instituto de Cultura Puertorriqueña, San Juan, 1960.

Mejía Sánchez, Ernesto, *Romances y corridos nicaragüenses,* Imprenta Universitaria, México, 1946.

Melo, Veríssimo de, *Acalantos (Canciones de cuna),* Cia., Natal, 1949.

Moncayo de Monge, Germania. "Alma y paisaje de mi tierra" Conferencia en el Ateneo Ecuatoriano de Quito en 1945 (inédita).

Morales, Ernesto, *Niños y maestros,* Buenos Aires, 1939.

Moya, Ismael, *Adivinanzas tradicionales,* Anaconda, Buenos Aires, 1955.

————, *Romancero,* Imprenta de la Universidad, Buenos Aires, 1941. 2 vols.

Navarrete, Carlos, "Notas para un estudio del corrido en Guatemala", *Tlatoani,* México, nov. de 1954, núms. 8/9, pp. 19-23.

Nolasco, Flérida de, *La poesía folklórica en Santo Domingo,* El Diario, Santiago, República Dominicana [1946].

Olivares Figueroa, R., *Cancionero popular del niño venezolano (1º y 2º grados),* Ministerio de Educación Nacional, Caracas, 1946.

————, *Folklore venezolano,* Caracas, 1948.

Otero D'Costa, Enrique, *Montañas de Santander,* Bucaramanga, 1932.

Otero Muñoz, Gustavo, *La literatura colonial y popular de Colombia, seguida de un cancionerillo popular recogido y comentado,* La Paz, 1928.

Pardo, Isaac J., "Viejos romances españoles en la tradición popular venezolana", *Archivos Venezolanos de Folklore,* 4/5 (1955), pp. 177-211.

Paredes, Américo, *A Texas-Mexican cancionero,* University of Illinois Press, Chicago, 1976.

Pereda Valdés, J., *Cancionero popular uruguayo,* Florensa y Lafón, Montevideo, 1947.

Pérez de Zárate, Dora, *Nanas, rimas y juegos infantiles que se practican en Panamá,* Ministerio de Educación, Departamento de Bellas Artes, Panamá, 1957.

Planchard, Enrique, "Observaciones sobre el cancionero popular venezolano", *Cultura Venezolana,* Caracas, 1921, núm. 21.

Plath, Oreste, *Folklore chileno: aspectos populares infantiles,* Universidad de Chile, Santiago, 1946.

Poncet y de Cárdenas, Carolina, *El romance en Cuba,* Instituto Cubano del Libro, La Habana, 1972. (Es reedición de la *Revista de la Facultad de Letras y Ciencias,* Universidad de La Habana, 1914).

Restrepo, Antonio José, *Cancionero de Antioquia.* Barcelona. 1930.

Rodríguez de Montes, María Luisa, *Cunas, andadores y canciones de cuna en Bolívar, Santander, Antioquia y Nariño (Colombia), Thesaurus,* Boletín del Instituto Caro y Cuervo, 17 (1962), núm. 2.

Rojas, Ricardo, *La literatura argentina,* Buenos Aires, 1924.

Romero, Emilia, *El romance tradicional en el Perú,* El Colegio de México, México, 1952.

Traba, Oscar M., "Juegos criollos en la colonia y en la emancipación nacional", *Crítica,* Buenos Aires, 25 de mayo de 1960.

Ugarte y Chamorro, Miguel Ángel, *Juegos, canciones, dichos y otros entretenimientos de los niños, recogidos en la ciudad de Arequipa,* Arequipa, 1947.

Vallejo, Carlos María, *Los maderos de San Juan,* Cádiz, 1932. [Uruguay].

Velázquez, Rogerio M., "Adivinanzas del Alto y Bajo Chocó". *Revista Colombiana de Folclor,* 2 (1960), núm. 5, pp. 101-130.

Vicuña Cifuentes, Julio, *Romances populares y vulgares recogidos de la tradición oral chilena,* Imprenta Barcelona, Santiago, 1912.

Villafuerte, Carlos, *Los juegos en el folklore de Catamarca,* Ministerio de Educación, La Plata, 1957.

ÍNDICE DE PRIMEROS VERSOS

Naranja dulce, limón partido.
Antología de la lírica infantil mexicana
se terminó de imprimir en noviembre de 2000
en los talleres de Encuadernación Técnica Editorial, S.A.
Calzada de San Lorenzo 279, local 45 al 48,
Col. Granjas Estrella, C.P. 09880 México, D.F.
Se imprimieron 4 000 ejemplares más sobrantes para reposición.